本书为上海戏剧学院2017年校内德育课题成果汇编

思政艺术
与
艺术思政

上海戏剧学院党委宣传部　选编

上海三联书店

艺术思政中的思政艺术

艺术是审美的需要，更是育人的需要，审美的目的根本上是育人，坚持“立德树人”是所有教育工作者的神圣使命。

把思想政治教育融入艺术创作的全过程，形成“艺术+思政”育人模式，在艺术思政中体现思政艺术，是上海戏剧学院思政育人的特点和重点，是我校深入贯彻落实习近平总书记在全国高校思想政治工作会议上的讲话精神，以文化人、以文育人、培育和践行社会主义核心价值观在艺术教育中的实践。

2014年10月15日，习近平总书记在文艺工作座谈会上强调：“追求真善美是文艺的永恒价值。艺术的最高境界就是让人动心，让人们的灵魂经受洗礼，让人们发现自然的美、生活的美、心灵的美。”社会主义文艺创作承担着以文化人、以文育人的职责。一切坚守正义事业和人民立场的文艺工作者，都要高度自觉地坚守艺术理想，启迪心智，温润心灵，坚持用高尚的文艺引领社会风尚，讴歌时代和服务人民。

多年来，学校牢固树立“立德树人”根本育人理念，始终把思想品德培育作为教学、科研、创作、演出等方面的理论引领和学术思想导向，围绕培养“至善至美”的优秀文化艺术人才这一根本目标，让上戏毕业生成为中国乃至世界文化艺术事业的优秀人才和建设者，积极探索形成以“融戏剧、化思政、至善美”为核心的“艺术+思政”育人模式。

近年来，我校教师在教书育人的实践中，对艺术思政进行了积极探索，不仅在教学实践中总结理论，而且用理论进一步指导教学实践，充分体现了艺术思政中的思政艺术。

本书编辑了我校青年教师德育课题成果，总结艺术实践中的思政育人的思考和模式，是一次积极的尝试，虽然这种尝试尚有如同艺术本身无法完美的些许遗憾，但这会更加激励我们不断地前行和探索。与广大读者共勉。

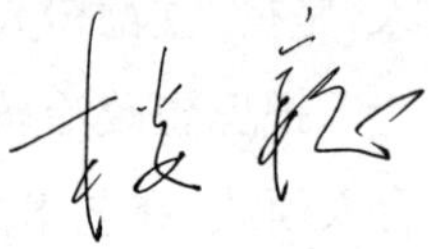

2018 年 11 月 18 日

目　录

突破思维定势 延展党建格局

——新时代上戏学生党建“三育、四导、五结合”的探索与实践

姚 远

【摘要】 在新时代下，上戏学生党建工作不断开拓思路，总结经验，创新实践。在理清工作思路、突出重点环节、梳理难点问题、完善亮点措施的同时，结合艺术类学生特点，以“旗帜导航卓越人生”为工作目标，紧紧围绕“育德、育行、育魂”三育工程的核心职能，切实发挥党支部“精神导航、品行导航、发展导航、服务导航”四个层面的导航作用，结合“规矩与规则、素养与信仰、眼界与境界、情商与德商、时尚与高尚”五大主题，以“党员发展质量和支部生活质量”为核心，突破传统党建工作思维定势，延展党建工作格局，努力探索艺术院校学生党建的创新模式，有效推进思政教育融入党员积极分子成长成才的全过程。

【关键词】 学生党建 思维定式 格局转变 创新内容与形式

学生党建工作是高校思政教育工作的重要组成，在思政教育改革的全局发挥着关键作用。艺术院校的学生个性丰富、眼界开阔、舞台意识强，这就决定了艺术院校学生党建工作不能依赖于传

统路径和思维定势，必须与时俱进，与时代紧密结合。只有走进学生的内心和情感世界，贴近他们的思想实际、发展实际和成才实际，找到思政教育的契合点，才能不断增强党支部的凝聚力和号召力。艺术院校学生党建，不仅要注重对学生政策理论和价值观的引导，更要把握好“内容与形式、过程与结果”的关系，注重挖掘学生成才过程中的兴趣点和兴奋点，寻找在艺术实践中的共鸣点，选择“有针对性的形式”来服务“有针对性的内容”。

一、新时代学生党建工作的局限与挑战、重构与突破

随着艺术院校学生党建工作的深入推进，在不断增强实效性和有效性的同时，也面临着一系列新的挑战。如在全球化背景下，学生的价值观念和生活方式日益多元，尤其是拜金主义、享乐主义的渗透，对加强思政教育带来严峻的挑战；学生信仰选择更加多元，尤其是受功利主义思想影响，往往在关心国家大事的同时，也更多关心自己未来的机遇与发展，在奉献社会的同时，也更多关注是否取得相应的回报，精致利己主义越来越成为高校一种异样的风景；社会深层次矛盾凸显，区域发展不平衡、贫富差距、行业潜规则等，让学生的价值判断出现摇摆；新媒体时代，无孔不入的错误观点和道德失范现象，助长学生对为人底线的不断突破和对不良行为的麻木容忍；学生党建工作与专业教育融入不够，专业教师的党建参与感不强，没有形成整体合力；学生党建队伍事务化、行政化，导致对学生“人生导航”心有余而力不足；学生党建活动形式单一，局限于参观、开会、讲座、志愿服务等路径依赖和思维定势，造成学生党组织活力和磁力不足。

因此，我们需要构建系统党建的思政教育理念，坚持不走寻常

路、突破套路、做出思路。艺术院校的学生党建工作不可能采取单一模式，要真正走进学生的内心和情感世界，贴近他们的思想实际、发展实际和成才实际，找到党建思政教育的契合点，才能树立党支部的凝聚力和号召力。结合这些特点，上戏学生党建思政工作凝炼形成了“三育、四导、五结合”的工作思路，以“旗帜导航卓越人生”为工作目标，紧紧围绕“育德（抓素养）、育行（兴实干）、育魂（树三观）”三育工程的核心职能，切实发挥党支部“精神导航、品行导航、发展导航、服务导航”四个层面的作用，结合“规矩与规则、素养与信仰、眼界与境界、情商与德商、时尚与高尚”五大主题，以“党员发展质量和支部生活质量”为核心工作，把党的群众路线教育、“两学一做”学习教育和新时代的时政热点融入其中，通过浸润式、情景式、探究式、体验式的教育方法，给学生开具心灵营养菜单，设计能力锻炼项目，把学生党建与素养教育结合起来，不断深化“铸魂育人”的工作内涵。

二、新时代转变学生党建工作思维定式的基本原则与策略

1. *转变模式，延展主题内涵。*打通党建主题与素养主题之间的关联，充实优化党建思政教育内容，共同提炼上戏学生关注的社会热点、兴奋点，尤其是关注思政前沿，梳理思政疑点难点，将“**思政主题**+**素养主题**”有机结合，潜移默化的将思政目标浸润在学生成才发展之中。弱化强制性牵强型的主题硬性植入，让党建的刚性外立面通过多元丰富的素养教育变得柔软而坚韧，从而达到事半功倍的效果，将党建主题如春雨润物细无声般慢慢渗透到素养主题中，形成一种“互动、互推、互融”的新模式。

2. 转变策略，改良沟通方式。新时代学生党建语言沟通不能空洞化、程式化、一厢情愿的灌输；教育过程，也不能居高临下、一本正经，动辄就使用“强调”、“要求”、“必须”、“号召”等语调，这样容易引起学生逆反排斥和反感。而应该人性化、自然化、情境化、自主化和探究化，教育关系上注重互动和民主，教育手段突出艺术化和技巧化。不要生硬的、夸大、自以为是的传递组织的要求，而是需要将教育内容，用明事理、通情理的方式寻求信念共鸣和顺其自然的策略。

3. 转变方法，细化价值判断。方法始终应该围绕时代与实际问题而发展，不能因循守旧，更不能固步自封。在新时代下，学生党建工作理应继承优秀的方法论，结合时代与实际需求创新方法。如可以尝试价值澄清法，如进行自由选题、评估分析利弊，适当理论引导，学生自主做出理性判断与选择，公开表明立场，根据选择采取行动。可以尝试道德认知法，针对学生遇到的各种道德两难困境，以论坛剧等教育戏剧形式，共同探寻道德发展和解决方案。可以尝试思辨调研法，通过微辩论、微调研，深入挖掘思政与党建教育的盲点和共鸣点，把党建思政与哲学、美学、社会学相结合，在朋辈思辨的过程中，自然而然的进行价值纠偏。

三、新时代拓宽学生党建工作格局的有效途径与方法

1. 注重“抽象＋具象”的价值引导

注重在党建教育过程中把抽象概念具象化。学生从小学开始接受思政教育的熏陶，如何将一路成长伴随的老生常谈的主题，注入新表达、切入新角度、构建新解读，是党建教育的重中之重。因此，梳理一级主题，归纳二级、三级主题，整理案例现象分析，针对

宏观抽象的一级主题词进行层层深入分析，形成具体具象的分解结构，显得尤为重要。如把“三观”进一步细化为家国观、格局观、共赢观、是非观、处世观、文艺观等；把正能量和负能量拆解，做成思维导图；针对“不靠谱 + 现象分析”，引导学生总结身边哪些现象属于不靠谱，这些不靠谱现象的原因是什么，思想缺失在哪里，不靠谱会导致什么后果，今后如何调整、规避等。

2. 注重“内容 + 形式”的混搭增效

注重党建活动中学生兴趣点和兴奋点的充分挖掘，给所谓的规定内容与硬性要求穿一身时尚的外衣，当今的社会除了内容为王之外，良好优质的形式也是重要的载体，只有内容和形式的匹配度高，才能相辅相成创造出最优的效果。单一的内容主题加上有趣生动的外在形式，党建工作才能得到学生们的拥护与配合。如正能量负能量与思维导图结合、价值观判断与哲理漫画结合、思政大赛与素养大赛结合、品质关键词与勇敢者接力赛结合、成功素养与人体多米诺结合、微辩论微调研与发展答辩结合、红色基因寻访与发展集体谈话结合等，选择“有针对性的形式”来服务“有针对性的内容”。反之，“有针对性的内容”又提升完善了“有针对性的形式”。

3. 注重“静态 + 动态”全方位立体考察

学生党员发展工作中，数量控制不能等同于质量控制，静态考察不能取代动态考察。数量控制导致发展对象推优存在求稳心理，重专业素养轻综合能力、做得少错的少的老好人增多，有能力有学生领袖气质的学生减少，导致虽然数量控制住了，但质量也随之下滑了。因此，细化标准分类、控制评价权重等，“静态 + 动态”的全方位立体考察尤为重要。同时，增加校级层面对发展对象的团体任务、素养拓展考察，增强党员发展工作的透明度和民主监督，将发展从程序性的党务工作，逐步向“质量把控、数量调控、价值引导”于一体的教育性工作转型，促使学生党员、积极分子成才发展有动力、朝气蓬勃有活力、为人处事有能力、勇于担当有压力。

4. 注重“主动+触动”素养六面体构建

学生党组织发展党员、培养积极分子时不能朝南坐，不能守株待兔，化被动为主动为触动。而是需要加强入党启蒙教育的主动性和针对性，选好苗子、建好梯队、主动出击、直面引导。同时在党员教育考察中，需加强党员在关键时刻的亮剑精神，敢于站出来表立场说真话做实事，加强党员在挫折和逆境中对政治身份的考验。在强化政治规矩的同时，注重情景式考验，学生党员要会表达、更要会脚踏实地真才实干，将夸夸其谈型党员，培养成为做事沉稳、处事周全、有分寸有担当的青年骨干；将默默无闻型党员，激励成为善于思考、勇于表达、有魄力有胆识的青年栋梁。注重培养学生党员六面体结构，即有过硬的政治觉悟、高尚的艺术追求、充实的精神世界、成熟的心智环境、良好的发展动机和完善的人文情怀。

四、新时代学生党建工作“三育、四导、五结合”的探索与实践

上戏学生党建思政“育德、育行、育魂”三育工程，即抓素养、兴实干、树三观。每项特色支部活动都承载着三育工程的党建职能。分四个层面发挥学生党支部的引领作用，结合五大主题、两个质量的核心工作，以先锋榜样的作用增强大学生的综合素质培养，最大程度上发挥党组织的先进性。

1. 结合时尚与高尚主题，浸润式的精神导航

“仲彝师生沙龙”艺术大师与党员积极分子的对话。以学生关

心的、感兴趣的人文话题为引领，将艺术审美与社会哲学、生活时尚等有机融合，为学生与专家的对话搭建头脑风暴的平台，拓展专业视野和思想深度，在价值引领、人格熏陶、艺术审美等方面起到了导航作用。

“品读”系列活动，重点突出内容与形式匹配，在诵读古今中外具有传递真善美的优秀作品中团结人心、凝聚力量、陶冶身心，树立学生主流价值观、提升学生审美品味，扩大优秀内容的形式传播效应。

2. 结合规矩与规则主题，思辨式的价值导航

“思想的高度，人生的跨度”三观分享。凝练适合学生接地气探讨的主题词，如家国观、格局观、共享观、事业观、文艺观、处世观、选择观、幸福观、是非观等，用经典诵读、小品片段、哲理故事、图片分享等多种形式，表达上戏学生对价值观的独特见解和感悟。精彩的编排与设计，让价值观传递的正能量更加入心入耳。思想的辨析与思想的同辈教育让党建思政主题能够更充分更全面地展现其应有的价值与效果。

“一个党员一面旗帜”学生党员发展陈述答辩。这是上戏学生党建在控制学生党员发展质量的新举措，是学生入党的一道重要关口。陈述答辩机制，对于学生党总支来说，增强了党员发展工作的透明度和民主监督。对于各院系学生支部来说，增加了一项考察学生的参照依据。对于入党积极分子来说，是一个公平公正的展示机会，同时也是增长才能、交流思想的平台。增加了微辩论和微调研环节，从而激发学生党员在行动上入党、能力上入党、思想上入党。

3. 结合眼界与境界主题，情景式的品行导航

“党员成长剧场”。作为上戏党建的又一全新尝试与特色，党

员成长剧场借助上戏在教育戏剧得天独厚的专业优势，先后围绕信仰、诚信、新生适应、就业、感情等话题组织、设计一系列主题式教育戏剧工作坊活动，党员师生共同参与，作为组织者和引导者，在角色体验和讨论中实现自我教育。研究生部学生党员排演的“入党为了啥”、“班干部的困惑”等通过各类现实矛盾困惑的情境营造与再现，与教育主题的互动互融，从而推进思政育人的目标实现；

“今天我是国旗手”上戏爱国荣校仪式教育。可谓别开生面，与众不同。上戏的主题升旗活动，既可以集体升旗，也可以个人预约。同学们可在雷锋日、献血日、毕业日、国庆日、校庆日、生日、成长纪念日、挫折日等对自己具有特殊意义的日子里，预约成为“上戏国旗手”。通过传旗、升旗仪式以及国旗下的感悟等环节，把国旗拟人化，把仪式亲人化，把党建人性化，从而拉近了国家、党和自身的距离，侧重在仪式以及分享过程中，对党性修养的感悟和人生哲理的传递，引导学生更有追求、更有境界、更负责任的成长。

“党旗下的承诺”志愿书发放仪式暨入党集体谈话。是入党积极分子入党前的仪式性教育。发放仪式由“党旗下的思索、党旗下的嘱托、党旗下的承诺、党旗下的足迹”等环节组成。体现了发展工作的庄重性和严肃性，在享青春梦想与信仰的同时，进一步引导学生对党员身份的体悟，对“使命感和责任感”的理解。

4. 结合情商与德商主题，探究式的发展导航

“卓越青春·挑战十商”学生党团干部素养大赛，导入“智商、情商、德商、心商、志商、逆商、财商、胆商、悟商、健商”均衡发展十商概念，通过微赛场、微观点、微剧场等环节，设有素养常识题、能力任务题和价值观点题等，自然导入十商均衡发展的理念，内容涉及到党史时政、艺术人文、职场就业、逻辑思维、汉字成语等不同层

面，结合当下优秀综艺节目元素的形式，对学生党员思维能力、合作能力、沟通能力、表达能力等综合素质的全面考察。

“创意支部生活大赛”。这是上戏学生党建工作中的常规创新性项目，每学年支部各学生支部开展创意支部生活大赛，旨在引导各支部在保证支部生活质量的同时，通过展示互评，能够形成各具特色，有辐射力、影响力的学生品牌支部活动，传递学生党员正能量。其中研究生部学生支部论坛剧《逃离北上广》关于择业观价值观的讨论；戏曲学院学生支部“时间去哪儿了”将环境戏剧与支部生活结合在一起，用有效的戏剧形式帮助同学们转换观察角度、深入思考问题；影视学院学生支部的《一起来上微党课》帮助党员和入党积极分子交流和分享各方面的独到见解和个性思考。

5. 结合素养与信仰主题，体验式的服务领航

“在成熟中超越，在超越中成熟”素质拓展营，是每学期学生党总支组织的由100名党员和积极分子共同参与的品牌支部生活。作为“创新思政教育方式”的一种积极探索，通过精心设计训练项目，对党员积极分子“智能、体能、才能”全方位的考察；注重在过程中总结团队合作精神，提炼人际沟通方法，提供各支部学生“同分享、共挑战，齐进步”的平台，依次提升上戏学生党员队伍的凝聚力、战斗力和创造力。

“助力学养发展，同心共筑未来”新生嘉年华服务日活动，是一年一度新生入党启蒙系列活动之一。通过学生党员6个主题服务台的宣讲、桌游和活动组织，让新生与党组织有了第一次“亲密接触”。活动中，将党员发展流程、党史时政常识、党的群众路线教育、“两学一做”学习教育等内容，结合时政素养大比拼、正能量负能量思维导图、时间管理七巧板、超级记忆体验、漫画人生观，以感悟分享等途径，引导新生了解党组织、热爱党组织、加入党组织。

在新时代下，上戏的学生党建成为了我校思政教育的重要切入点，经过多年的实践与总结、摸索与创新，逐渐完成了一系列重要的理念转变与模式突破。我们既传承了传统党建工作的优良工作方式，又开启了理念鲜明、内容贴心、形式创新的特色道路；既有思路、有成效地设计系列党建主题教育活动，又注重其中艺术培养和人格塑造的深度融合；既形成了职能部门与院系、专业教育与思政教育的有机联动，又创新工作机制与方法，以系统思政理念的渗透带动党建育人水平的提升，从而有效推进高校思政教育工作深入开展，引导学生更有追求、更有境界、更负责任的成长。

艺术院校文化课评价结果与学生职业发展之间的关系研究报告

施华东

一、问题的由来

在专业性院校，尤其是艺术类和体育类专业院校，有不少学者面对当前学生重专业技能，轻文化素养的现状痛心疾首，一直在为重视和加强对学生文化素养的培养奔走疾呼。然而，这些学者中的多数都是从事文化课教学和科研工作的教师，很多专业课教师或明或暗地认为文化课对于艺术类和体育类大学生来说就是浪费时间，集中精力搞好专业才是根本。专业课教师的这种思想或想法有意无意地通过与学生之间的交流传递给学生，其主要表现为：1.对学生的文化课旷课行为持放任或鼓励态度；2.经常性占用公共课正常行课时间从事专业活动或其他事务；3.向学生表达文化课通过“混”，最终总能及格的现状；4.在未了解文化课具体授课内容的前提下向学生表达文化课无用的想法等。这些因素再加上当前艺术院校几乎所有理论课都面临的其他一些共性问题，就使得本已处在极度边缘化的文化课雪上加霜。

具体到各个艺术院校，其院校的主要领导对于文化课的作用及意义的认识程度就决定了这些课程的发展空间，因此，各个艺术院校文化课体系差距较大。虽然部分学者为了证明文化课在提升学生文化素养、促进大学生全面发展上具有重要意义进行了长期研究，但是，并没有特别直接或过硬的证据能够呈现在决策者、专业课教师和大学生的面前。本项研究就试图通过对已经毕业的优秀校友的文化课学业成绩的分析，来讨论他们的文化课学业水平与他们较好的职业发展之间是否存在关联性。

二、文献综述

当前对于艺术院校大学生文化课学习情况的研究更多的是针对大学生学习现状和文化课教学管理方面的研究，并没有强有力的证据证明文化课学习的情况与学生未来职业发展之间有何联系，即文化课学业水平与学生未来职业发展是正相关、负相关还是没有明显的关系。不仅如此，当前对于艺术院校大学生文化课学习情况的研究也流于表面，缺乏实证调研，主要是任课教师的主观感受。以下将当前研究分为三类：

（一）艺术院校大学生文化课学习的现状研究

李建中在《艺术院校文化课教学管理改革研究》中认为："专业课教师强调艺术的直观感性层面，认为技术的演练是第一位的，而理性的艺术精魂被放在一个次要的位置上，这种对艺术的片面的急功近利的看法，使学生产生了对艺术精神的误解。"[①]倪艳、孟向

① 李建中. 艺术院校文化课教学管理改革研究[D]. 内蒙古师范大学，2004：3.

红在《高校艺术生文化课软肋之分析与对策》中认为："学美术的不懂历史，学包装的不懂技术，学广告的不懂营销，这样培养出来的所谓的过于'专业'的学生很难适应市场的需求，更难达到社会对创新型艺术人才的目标要求。"①孙运玲在《艺术职业院校文化课教学现状探析》中认为："学生对文化课学习的重要性理解不充分，学习态度消极，主观上喜欢的很少，不喜欢的占多数，部分学生厌学甚至对文化课学习有排斥抵触情绪，因此文化课到课率普遍不高，学生课堂学习习惯不良，课堂提问愿意主动配合的很少，课堂参与度较低"。②

（二）艺术院校大学生文化课教学方法和教学管理研究

李建中在《艺术院校文化课教学管理改革研究》中认为："教师不去关注学科发展的前沿，回避这一领域中出现的新现象、新问题，不能引导学生进行研究性的学习，教师照本宣科，授课内容了无新意。"③李欢、索南让姆在《对艺术类学生文化课与专业课失衡发展的思考》认为"可采取分化式"小课进行教学，因为学生对知识的接受总有一个从易到难、由浅入深、由简到繁的过程，不同程度的学生就需要不同的学习方法作为指导，激发学生的学习兴趣"。④ 魏巍、赵林楠在《高校艺术类学生思想行为特点及管理对策》中认为："作为学生管理者，可通过与学生交谈、私下调查等方

---

① 倪艳，孟向红，高校艺术生文化课软肋之分析与对策[J].黄山学院学报，2013(2)：86.

② 孙运玲.艺术职业院校文化课教学现状探析.http：//kns.cnki.net/kcms/detail/11.2905.G4.20170622.1020.282.html.

③ 李建中.艺术院校文化课教学管理改革研究[D].内蒙古师范大学，2004：6.

④ 李欢、索南让姆.对艺术类学生文化课与专业课失衡发展的思考[J].大众文艺，2011(23)：325.

式发现一批思想上比较积极上进，行为上比较主动的同学作为学生干部，给予他们充分的信任，并让他们深入到学生群体带动其他同学积极、上进”。① 倪艳、孟向红在《高校艺术生文化课软肋之分析与对策》中认为：“高校没有根据艺术生的特殊情况制定相适应的课程要求，使用的教材难度远远高于艺术生具有的知识水平和能力，形成了严重的知识脱节。”②

（三）艺术院校大学生的特征与文化课学习之间的关系研究

李欢、索南让姆在《对艺术类学生文化课与专业课失衡发展的思考》中认为：“艺术类学生由于长时间忽视文化课，造成文化基础薄弱，加之长期以来未养成良好的学习习惯，造成他们进入大学后面对无法回避的文化学习问题，心理上对文化学习非常恐惧，认为自己天生笨，不适合学文化。”③何树森在《五年制学生管理探析——以保山师专美术系五年制学生为例》中认为：“艺术类学生的专业特殊性使得大部分学生个性自由、随意、懒散、不愿意受到约束、自律性较差，以自我为中心，个别学生情绪化突出，思想偏激，不能用辩证的思维来认识事物。”④李建中在《艺术院校文化课教学管理改革研究》中认为：“他们不是从理性思维的角度而是从感性直观方面去接触艺术、感受艺术，或许更符合人类的由外而内

① 魏巍，赵林楠. 高校艺术类学生思想行为特点及管理对策[J]. 绥化学院学报，2009(6)：165—166.

② 倪艳，孟向红，高校艺术生文化课软肋之分析与对策[J]. 黄山学院学报，2013(2)：87.

③ 李欢、索南让姆. 对艺术类学生文化课与专业课失衡发展的思考[J]. 大众文艺，2011(23)：325.

④ 何树森. 五年制学生管理探析——以保山师专美术系五年制学生为例[J]. 保山师专学报，2007(4)：66—67.

的认识规律。……只不过他们不应该停留于此，而应该向更深的层次发展，完成由感性到理性并最终将两者结合的完美艺术境界。而文化课，就是要帮助他们向这个方向努力。”①

三、主要概念的界定

“文化课”是一个非常宽泛的概念，广义上的文化课是指所有知识性、理论性的课程，是与技能课相对应的一个概念。但是针对不同的对象，文化课的范围又会发生一定的变化。对于艺术类大学生来说，文化课是不包括艺术专业理论课的，一般而言，艺术院校的文化课包括公共基础理论必修课和非艺术类理论选修课。其中公共基础理论课又包括思想政治理论课、大学语文等；非艺术类理论选修课则涉及范围非常广，具体到我校，所有与艺术学一级学科下的各级学科无直接关联的理论课程都属于此类。

一般而言，职业发展是从业者在自身选定的领域里，在自己能力所及的范围内，成为其所在职业的专门性人才。② 艺术类大学生毕业之后并不必然以艺术为职业，有不少学生进入了相关职业或行业，甚至有少部分学生从事了与艺术完全无关的职业。本项目囿于信息获取渠道非常有限，研究对象不可能覆盖所有类型的毕业生，这里的学生职业发展仅指的是毕业后仍然从事艺术行业的学生其职业发展情况。而在众多从事艺术行业的毕业生中，学校官方校友会所公示的“上海戏剧学院杰出校友（部分）”是被学校所认可的，在毕业后职业发展优异的校友。那么这一群体在学校期间的文化课评价结果与其当前优异的职业发展状况之间是否存

① 李建中. 艺术院校文化课教学管理改革研究[D]. 内蒙古师范大学，2004：12.
② 杨亚庚. 我国高校辅导员职业发展研究[D]. 东北师范大学，2014：5.

在某种联系是值得关注的。

四、研究方法

本项目的研究方法主要有：文献研究法、数据分析法、归纳法和演绎法。

五、研究内容

为了研究艺术院校大学生的文化课学习评价结果与学生职业发展之间的关系，本人以 1990 年至 2004 年间入学的 55 名知名校友[①]的在校期间文化课学习评价结果为研究对象，分析他们在校期间的文化课学业成绩与他们的未来发展之间有何联系，与其他校友相比有何区别。探讨所得出的结论对于当前的文化课教学和考核具有哪些借鉴的意义。

（一）总体情况介绍

1. 调阅的课程名称

调阅的 13 门必修文化课（一学年修完的课程算两门）包括：中国革命史（上、下）、毛泽东思想概论、马克思主义原理（上、下）、马克思主义哲学原理、马克思主义政治经济学原理、邓小平理论概论（上、下）、思想道德修养、法律基础、大学语文（上、下）。其中 1998 年之前的必修文化课是：中国革命史（上、下）、马克思主义原理（上、下）、邓小平理论概论、法律基础、大学语文（上、下）；1998 年之后必修文化课是：马克思主义哲学原理、马克思主义政治经

---

① 这些知名校友均来自于学校认定的属于杰出校友的名单内。

济学原理、毛泽东思想概论、邓小平理论概论(上、下)、思想道德修养、法律基础、大学语文(上、下)。

调阅的8门文化选修课包括：中国古典文学、管理心理学、中国现代文学、西方现代哲学流派、宗教文化、公共关系学、论文写作、国际关系专题。

2. 调阅的课程考核方式介绍

从1990年至2007年(2004年入学的校友完成文化课学分的最晚时间是2007年),上述13门必修文化课基本采用闭卷考试的方式,各个任课老师在试卷命题的难度上差异较大,有2门课程在这一期间整个班级(22—28人)没有考试成绩不及格的或者个别年份有1人不及格,不及格率在3.6%以下,有9门课程在这一期间整个班级考试不及格人数为1—2人,不及格率约为3.6%—9.1%,有2门课程在这一期间整个班级考试不及格的人数较多,部分年份不及格人数达到9人,不及格率为33.3%,多数年份在3人以上,不及格率在10.7%以上。档案资料中并没有课程原始成绩的记录,这些成绩均为该学生在该门课程上的最终考评成绩,是学生平时成绩、期中成绩和期末卷面成绩的综合,并且这些成绩不包括补考成绩,考试作弊按照不及格计入数据统计。

长期以来,我校的文化素养类选修课开设数量很少,学生在选修课中更多地选择了与本专业直接相关的艺术类选修课。从1990年至2007年,样本对象选取的文化素养类选修课主要有8门,这些课程基本采用期末小论文或开卷考试的方式进行考核,只有2名校友在这些课程中不及格,未能获得学分。

3. 被调查样本的情况介绍

在这55名知名校友中有7位是来自电视艺术系的,其余的校友都来自表演系。我校表演系招生文化课录取分数线较低,因此,客观上说，这 55 名知名校友中大多数人的文化课基础较为薄弱。

（二）数据分析

（1）知名校友文化必修课的总体不及格率低于平均水平

文化课的总体不及格率是用不及格的门次数除以样本所有文化课必修课门次数。55 位校友共计参加了 416 门次的文化必修课考试，其中不及格 11 门次，不及格率为 2.6%，低于大多数文化必修课 3.6%—9.1%的不及格率（大多数课程 1—2 人不及格）。

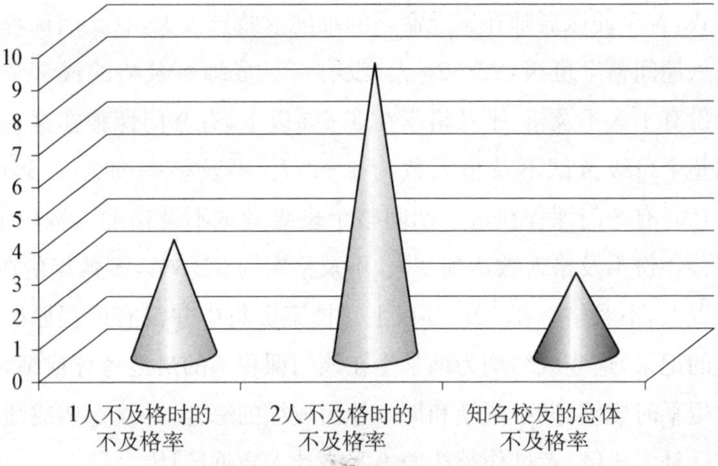

图表 1　文化必修课不及格率

（2）知名校友文化必修课的不及格门数最多为一门

在这 55 位校友中，不及格 11 门次不及格文化必修课分别对应 11 位校友，也就是 80% 的知名校友在本科期间文化必修课全部及格，并

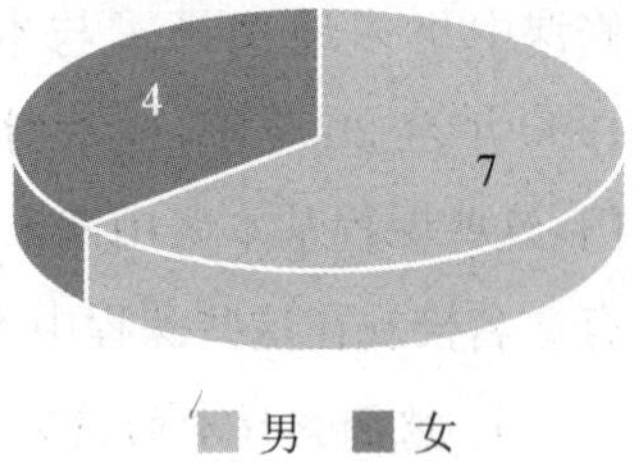

图表 2　成绩不及格的性别比例

且这些校友中没有出现一人多门文化必修课不及格的情况。在这11位校友中四位是女性，七位是男性；与当前文化课考试中不及格的男性要多于女性相一致，并未呈现出特殊性。

(3) 知名校友在高不及格率的课程的考核中全部合格

在高不及格率的课程中选取《马克思主义哲学原理》这门课程为分析对象。一方面，这门课程在所调查的13门文化必修课中理论性最强，学习难度最大；另一方面，不及格人数最多的两门次课程都是出现在这门课程中。这门功课出现了一次一个表演专业中8人不及格(总人数23人，不及格率34.78%)，在紧接下来的一级的表演专业中9人不及格(总人数27人，不及格率33.33%)。而在这些学生中并没有知名校友的身影。

(4) 知名校友人均选修文化选修课为2.5门

从1990年至2007年，我校共开设23门文化选修课(这里仅统计非艺术类理论课)，知名校友共选修了139门次文化选修课，人均2.5门选修课；共选修了艺术类选修课814门次，人均14.8门；共选修了68门次体育类选修课，人均1.2门。

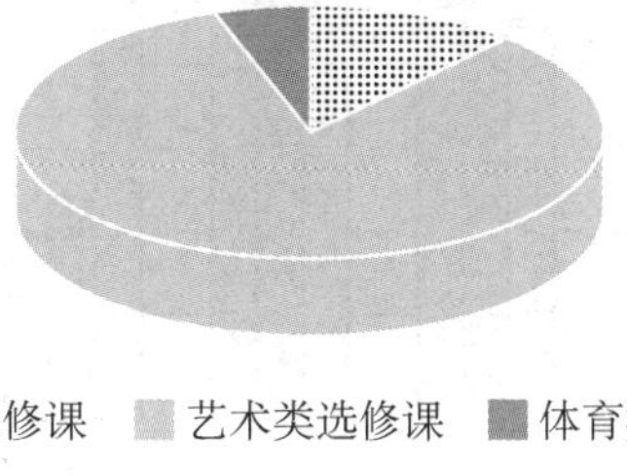

图表3　不同类选修课数量比较

(5) 知名校友总体在文化课必修成绩上并没有明显比其他校友优秀

本项目统计了55名知名校友的13门文化必修课成绩，共计

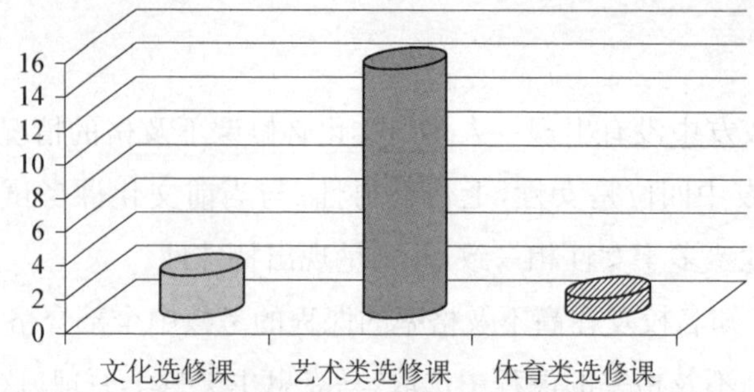

图表 4　不同类选修课人均数量比较

416门次，其结果是：90分（含）以上共19门次，优秀率4.6%；80—89分的共97门次，良好率23.3%；70—79分的共155门次，占比37.3%；60—69分的共134门次，占比32.2%；60分（不含）以下的共11门次，不及格率2.6%。由于档案中并没有当时的考试分析表，本项目参照不及格率低于9.1%的文化必修课成绩分布，发现知名校友在文化课必修成绩上并没有比其他校友更优秀。但是，如果与高不及格率的文化必修课相比就具有明显优势了。

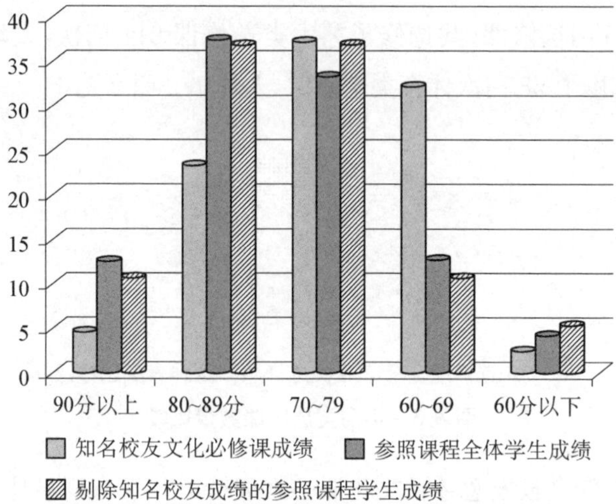

图表 5　参照不及格率低于9.1%的文化必修课

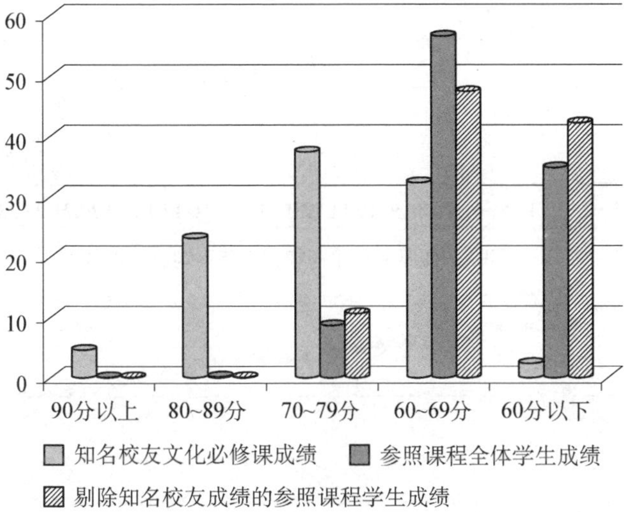

图表 6 参照高不及格率文化必修课

（6）知名校友总体在专业课的成绩上也没有比明显其他校友优秀

本项目选取了连续三届的知名校友及其所在班级的某专业主干课程四年期末成绩的平均值进行排名。该专业主干课程每个学期都开设，因此每位学生有 8 个成绩，为了尽量减少偶然因素的干扰，取了 8 个成绩的平均值，然后在班级内进行排名。图表中的红点代表这个班级中知名校友的成绩，蓝点代表该班级中其他校友的成绩；部分校友由于特殊原因[①]不足 8 个成绩的，按照档案中的实际成绩个数也参与排名。根据排名结果显示，知名校友的专业课成绩并不比其他校友排名具有明显优势。

① 休学、退学、劝退等。

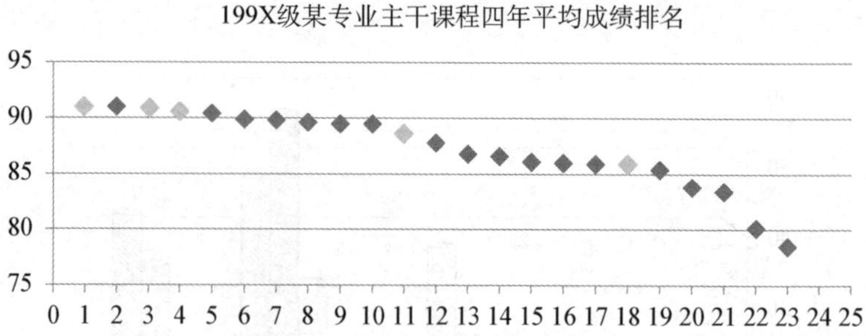

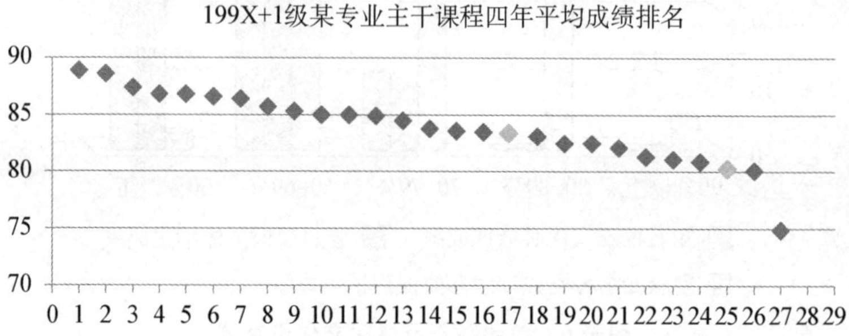

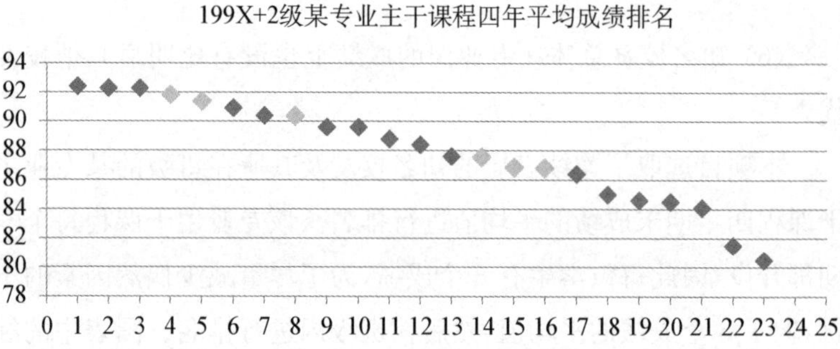

六、研究结论

（一）知名校友在文化必修课的学习上自我控制能力要明显高于其他校友

根据以上数据分析可以发现，知名校友在文化必修课的不及格率上要明显低于其他校友，并且没有出现哪一位校友有多门文化必修课不及格，或者某一门文化必修课反复补考的现象。通过文献研究和多年的教学实践，艺术院校大学生不重视文化课学习是大环境，是一种非常普遍的现象，在这样的一种环境下，自我控制能力较强或重视学校评价的学生会尽力保证自己的成绩达到合格水平。我校知名校友中很大一部分是表演专业的学生，他们中的大部分人在本科期间就有外出拍摄影视剧的任务，这也会对他们的文化课学习造成一定程度的影响。考虑到这一影响因素更加可以印证知名校友在文化必修课的学习上自我控制能力要明显高于其他校友的结论。

（二）知名校友的学业水平与其他校友无显著性差异

通过对知名校友的文化必修课成绩、文化选修课情况和专业课成绩的统计、比较，可以发现知名校友的学业水平从整体上来说与其他校友并没有显著性差异。并且通过查阅学生档案，发现知名校友在获得学校奖学金的比例上也并不高于其他校友。出现这种结果可能有这样两方面的原因：其一，校友毕业后职业发展的情况受多种因素的影响，而学业的影响实际上是微不足道的，因此无法得出学生的学业水平与在校期间的学业成绩正相关。当然要确证这一结论，还需要更大量的其他艺术院校的同类数据来证明。其二，我校的学业水平的评价体系存在问题，并不能真实反映学生的实际学业水平。也就是说，知名校友的学业水平实际上是突出的，只是被当前的评价体系所埋没。然而要确证这一结论，也存在相当大的难度，需要用较为科学的评价体系再次对校友的学业水平进行检测，并作出评价，然后与我校所做出的评价进行比较，这一方法事实上是不具有可操作性的。如果有相类似研究能够证明，某校的优秀校友与其校的学业评价结果呈正相关的结论，那么用这一学校的评价体系与我校的评价体系进行对比，也能发现问题的所在。

（三）知名校友选修非艺术类文化理论课的积极性不高

从知名校友选修非艺术类文化理论课的情况来看，他们对于选修这类课程的积极性并不高。导致这一情况的原因可能是：其一，长期以来，我校的非艺术类文化理论选修课的种类少，且非常的不稳定。从1990年至2007年，各个知名校友选修的非艺术类文化理论课很杂乱，没有出现一些稳定性高、口碑好的非艺术类文化理论选修课。其二，我校学生活泼、好动的特性，使得学生们更喜欢选修一些技能课，能够更好地发挥他们的特长，相对也更容易获得学分。在这一点上，知名校友也不例外。其三，这是学习文化课的氛围不强所导致的，对于非艺术类文化理论课的选修仍然不是出于兴趣的因素，而是和文化必修课一样只是为了获得学分。

七、建议及对策

结合以上的研究结论和当前我校的文化课教学和学习情况，为从整体上提高我校的文化课教学水平，以及与学生职业发展的关联度，提出以下建议：

（一）严守文化课评价底线

通过调查研究发现，知名校友中并未出现多门文化课不及格或反复补考的现象，这说明多门文化课不及格最终无法正常毕业会埋没人才的说法并不成立。2009年之前，我校的文化必修课多数是闭卷考试，而我校当前的文化必修课多数是开卷考试，仍然有部分学生多门文化必修课不及格，并反复参加补考。如果对这种情况持续性地采取放任的态度，只会败坏学风，并最终波及学校的所有课程。因此，严守文化课评价底线，对于自控能力差的学生会产生威慑效果，不仅有利于扭转文化课的学风，对整个学校的学风的良性发展都是有益的。

（二）打造适合艺术类大学生选修的文化理论课

我校的文化理论选修课偏少，而在学生中有口碑的文化理论选修课更是少之又少，那么提高艺术类大学生的文化素养就缺少了一个十分重要的渠道。学校加大这一方面的投入，也许可以推出一系列适合艺术类大学生选修的文化理论课。加大投入主要可以体现在以下三个方面：第一，在思想认识上要投入足够的关注和重视。当前这一领域薄弱与上至学校领导，下至普通教师和学生对其重视不够有着密切关系，学习无用论在艺术院校颇有市场。第二，在课程建设上加大投入，例如增加选修课学分，在课程教学的研究经费、工作量的计算等方面对文化课有所倾斜。第三，加强对选修课的教学督导，而不能放任自流。当前的教学督导主要集中于必修课，而对于选修课的教学质量如何，鲜有问津。

（三）全面反思当前的学业水平评价体系

当前的研究结论并未发现学生的学业水平与未来职业发展之间存在必然联系（正相关或负相关），其可能的原因之一就是我校当前的学业水平评价体系存在问题。全面反思当前的学业水平评价体系，有助于发现问题的所在，能够给予学生更加科学、公平、合理的评价。这不仅有助于改善艺术院校的学风，更有助于学生的成长和未来发展。使得我们根据学生在校期间的学业表现，就可为学生的升学、就业等重大事项提供科学的建议和规划。

中外比较视阈下以德育为导向的艺术类高校研究生奖学金制度设置探析

陈 莹 张飞飞 瞿利容 王祯祯

2017年，中共中央、国务院印发了《关于加强和改进新形势下高校思想政治工作的意见》，意见强调指出要“全面贯彻党的教育方针，坚持社会主义办学方向，扎根中国大地办大学，以立德树人为根本，以理想信念教育为核心，以社会主义核心价值观为引领，切实抓好各方面基础性建设和基础性工作，切实加强和改善党的领导，全面提升思想政治工作水平”。同样，在国务院学位委员会第三十三次会议上，中共中央政治局委员、国务院副总理、国务院学位委员会主任委员刘延东更是明确提出，“坚持正确办学方向，以立德树人为根本、以人才培养为核心，发挥好课堂教学主渠道作用和导师的引路人作用，加强和改进研究生思想政治教育”，强调要将“立德树人”作为研究生教育中的重中之重。而在2016年召开的中国文学艺术界联合会第十次全国代表大会、中国作家协会第九次全国代表大会上，习近平主席同样对文艺工作者寄予重托，将“文运同国运相牵，文脉同国脉相连”，希望文艺工作者“胸中有大义，心里有人民，肩头有责任，笔下有乾坤”，对文艺工作者的德行提出了很高的要求。正因为文艺在意识形态领域发挥的重要作用，所以对艺术类高校这些未来的“文艺工作者”加强德育引导，使他们成长为能为社会主义优秀文化传统贡献力量的文艺人才，也就具有更重要的现实意义。除了通过从“思政课程”到“课程思政”的潜移默化，或以党建、团建等学生工作抓手来促进研究生德育工作，研究生奖评工作（奖学金、评优）更因其兼具保障性功能、导向性功能、激励性功能、教化性功能而承载相应的德育功能，因而设置合理的研究生奖评制度，树立正确的德育导向，将对我们推进研究生德育工作起到事半功倍的作用，更好地解决“为谁培养人”、“培养什么人”的问题。本文则将重点放在艺术类高校研究生奖学金制度的设置上，着重探讨国内外相关高校制度设置情况，以及对研究生奖学金制度提出有针对性的意见与建议，并对改善我校研究生奖学金制度有所助益。

一、国内、外艺术类高校研究生奖学金制度设置概况

（一）国内艺术类高校

由于国情不同，国内艺术类高校的奖助机制和国外高校是非常不一样的。国内艺术类高校的奖学金种类比较单一，主要分为学业奖学金、助学金。而资金来源方面主要是国家奖学金和学校奖学金，社会奖学金无论是数量上还是数额上都比较少，针对性也不是很强。在评奖标准上，国内艺术类高校尽量将评奖标准量化以示公开公正，比如成绩的换算和加分准则的制定。

为研究目前我国艺术类高校研究生奖学金评定体系，本文选取中国传媒大学、中国戏曲学院、南京艺术学院等 7 所知名艺术院校作为对比样本，研究其奖评条例，对其与德育密切相关的奖项分

类、评定标准和基本条件进行总结分析。根据整理分析，除了由国家支持的单笔奖项金额最多的“国家奖学金”（中国戏曲学院该奖项包括在学业奖学金中）、以及覆盖面最广的“学业奖学金”外，一部分学校还设立了各种社会捐赠奖学金以及学校自行设置的奖学金，如上海音乐学院的“中银上音优秀研究生奖学金”、中国传媒大学的“中央三台奖”和“星光奖”与“凤凰奖”、上海戏剧学院的“实践学分单项奖”等。这种奖项的细化，相比于以往粗放的设奖方式，可以说是奖学金制度发展的一大进步。

在我们所考察的几所国内艺术类院校的国家奖学金与学业奖学金的评奖标准上，都呈现出了向多元化发展的趋势。其中，学业成绩、科研成果占据了主要地位。如鲁迅美术学院学业成绩占比60%，科研成果占比 30%；南京艺术学院和广西艺术学院课程成绩占比 45%，科研、展演占比 45%；上海音乐学院课程成绩占比40%—50%，科研成果占 20%—30%；但在计算学业成绩时，各校出现了明显的差异。上海音乐学院评奖根据的是学年课程的加权成绩，而其他院校选取的是算术平均数，但是所选课程成绩却又各不相同。广西艺术学院等院校根据所有课程成绩算平均数，上海音乐学院则需选取上一学年主课成绩与三门专业必修课或选修课成绩并求其平均数；各院校科研成果加分，都有明确的类别与等级划分，但在加分数额和不同等级类别分差方面有明显不同。大多高校普遍存在以下问题：德育要求只是作为申请奖学金的“基本条件”，在定性评价上却过于简单化，而成绩、论文、成果等可以量化的项目就成为获得奖学金的主要依据。

同时，尽管除了国家奖学金与学业奖学金以外的社会奖学金数量也与日俱增，但我们详细阅读各奖项的评奖细则时会发现，这种所谓的“细化”只是体现在了奖项名称的差异上。在评奖时，评奖所依据的标准只是“国家奖学金”或者“学业奖学金”评奖细则的低配版——学习与道德评分，一刀切。或是，不同奖项设立的评奖标准基本雷同。比如“中国电信奖学金·飞 Young 奖”候选人需满足下列条件：上学年考试总成绩在本专业排前 5 名，历次考试没有不及格科目。中央音乐学院设立的“宝钢奖学金”申报条件中提出的以下要求：

“宝钢奖学金”：

(1) 专业成绩突出，在国际、国内重大音乐比赛获大奖者；

(2) 在国际、国内重大艺术活动中产生较大影响，有突出表现者；

(3) 在学院组织的有关学术活动或比赛活动中成绩显著者；

(4) 在音乐创作或音乐学术研究领域有突出成绩者。

如果说“国奖”与“学业奖学金”还需要考虑综合测评、科研实践能力，上述的参选条件，归结到一处却只是一个要求——比赛获奖或成绩名列前茅。这样的评奖设置无疑将助长“重智育、轻德育”的导向。最后的评审结果，那些只顾自己写论文、搞创作，不关心集体、自私自利、脱离实践的获奖者可能不是大家公认的优秀对象，而是某种程度上的“精致的利己主义者”。而在实际操作过程中，也往往存在不良竞争与功利性现象，如出现按图索骥追求评定奖学金加分项目的不良学风。而在评优过程中，尤其是关系到切身利益的优秀毕业生评选，更可能出现拉票买票的恶劣情况。这一切都远远背离了研究生奖评制度设立的初衷，忽视了奖评制度的德育功能，不利于研究生健全人格的发展，不利于培养德艺双馨的卓越人才。因而在当前形势下，如何更好地体现奖评制度中的德育功能与导向已是摆在我们面前迫在眉睫的事宜。

（二）国外艺术类高校

为了在中外比较视阈下对我国艺术类高校研究生奖评体系进行比较分析，本课题同时选择了美国茱莉亚音乐学院、耶鲁大学戏剧学院、英国皇家戏剧艺术学院、哥伦比亚大学艺术学院、加州艺术学院这5所国际知名艺术类高校或综合大学艺术学院的奖评制度进行比对与分析。国外大学的奖助学金设置目的主要是为了能够让申请的学生完成学业，这一点在五所研究对象大学的奖学金申请规则中都有所体现。为了满足不同学生的需求，高校在设置奖助学金种类的时候充分考虑了各种组合和各种方式，根据学生天赋、潜力和经济需求来衡量奖学金数目。

以哥伦比亚大学艺术学院为例，哥伦比亚大学艺术学院每年用于学生资助的金额超过一千万美金，为MFA学生提供各种奖学金和助学金。加州艺术学院致力于为学生提供各种各样的经济援助，包括助学金、奖学金、助学贷款和勤工助学。美国茱莉亚音乐学院大约85%的录取学生会获得学院的奖学金支持。事实上，由于国外奖学金种类繁多，所以奖学金的申请条件和评审规则也是千差万别的。与国内公开透明、清晰量化的评审标准不同的是，国外高校的奖助学金通常都是根据符合资格的学生递交的申请材料，以经济需求和学术成就两个维度，请专门的评审机构进行评审，最后再决定资助金额。除了申请人的标准非常清晰以外，整个评奖助学金的过程不公开，最后的资助金额区间也比较大，通常是各个学校按照学生个人情况和往年的经验来判断的。但资助总额不会超过学校以一定标准计算的一定时间内该申请人的教育和生活总花费。

在评定标准上，美国艺术类院校会要求学生填写联邦学生援助自由申请(FAFSA)和CSS助学金，两项申请都是作为学生参与奖助的一个资格认证，以美国联邦制定的考核程序综合审核学生经济援助的需求，对符合需求的学生给予援助。而种类繁多的其他奖学金的评定标准更加多样化：

哥伦比亚大学艺术学院的奖助学金评选内容包括：在学术和体育上有特殊成就、进行特定课题、参与志愿者工作、少数民族、宗教团体或受雇佣员工的孩子等学生有机会获得奖学金和助学金。

耶鲁大学戏剧学院的奖助学金名目繁多，且多是只授予特定学生的类别，比如：约翰·班德汉姆奖学金、埃德加和露易丝·卡尔曼奖学金只授予导演系的学生；福尔摩斯·伊斯力奖学金只授予舞美设计系的学生；埃尔顿·埃德尔奖学金只授予技术设计和制作系的学生；卫斯理法塔的奖学金只授予表演系的学生等。

在奖学金评审机构上，国外高校设有专门的经济援助办公室（Finance Aid Office），专门处理学生奖助学金事宜。除了一般奖助学金申请以及发放的考核和管理，经济援助办公室最重要的功能之一就是为有奖助学金需求的学生提供申请奖助学金的帮助和指导。

通过研究，我们发现，相对于国内奖评体系比较单一的奖励原则，国外奖评体系利用类型丰富的各类奖学金充分发挥了不同的"德育"导向作用。如耶鲁大学设立"勤工助学"奖学金，要求除特殊学生外，所有学生均须接受每年 150 至 200 小时的工作学习任务，以此获得奖学金；美国茱莉亚音乐学院将学术成就和整体良好的公民身份作为考量标准；哥伦比亚大学艺术学院的奖助学金评选内容包括：在学术和体育上有特殊成就、进行特定课题、参与志愿者工作、少数民族、宗教团体或受雇佣员工的孩子等学生有机会获得奖学金和助学金；丽塔·斯泰特尔·霍林斯沃思奖学金是专为女性研究生设立的奖学金；弗拉基米尔和奥尔加波德尔奖学金是为了帮助讲爱沙尼亚语的学生去哥伦比亚大学学习而设立的奖学金。综上所述，国外艺术类高校奖学金评选除了艺术成就和与特定奖学金相符的特质（国际、语言、性别、专业）以外，对于学生参与志愿者工作、社区工作等社会责任感方面也比较看重。这方面对我们研究国内艺术类研究生奖评制度设置有所启发。

二、加强研究生奖学金制度德育导向的意义与影响其德育功能的不利因素

（一）加强奖学金制度德育导向对艺术类高校德育工作的意义

我国研究生培养制度自 2006 年试点改革之前一直实行双轨制度。2013 年 3 月，国家发展和改革委员会、财政部、教育部联合下发了《关于加强研究生教育学费标准管理及有关问题的通知》，明确规定从 2014 年秋季学期起，将对所有纳入国家研究生招生计划的全日制研究生全面实行收费。从 2014 年开始，全日制研究生"公费"、"自费"双轨制政策完全成为历史，我国研究生培养制度正式进入了全部收费的单轨制时代。[①] 在单轨制的收费制度下，研究生奖学金制度对研究生培养的意义就显得尤为突出。

1. 激励与保障的设置初衷

奖学金对研究生在学校期间力争上游毫无疑问有着巨大的激励作用。在实行单轨制度之前，是否能获得奖学金在研究生入学时就已确定，相较公费生，自费生因考试结果不理想而将在整个研究生学习期间面对巨大的经济压力。但如今的奖学金制度则更能

---

① 潘双吉. 对高校先行性的研究生奖学金制度的评析[J]. 科教文汇，2016，(347)：4—6.

够激励在校的每一位研究生为了达到奖学金评定目标而不断要求自己在学业上精进。由中央财政全额承担的研究生国家奖学金，用于奖励学业成绩特别优秀、科学研究成果显著、社会公益活动表现突出的全日制研究生。2013 年 8 月 12 日，财政部、教育部正式印发《研究生学业奖学金管理暂行办法》（下称《暂行办法》）中指出，“中央高校根据研究生收费标准、学业成绩、科研成果、社会服务以及家庭经济状况等因素，确定研究生学业奖学金的覆盖面、等级、奖励标准和评定办法……”，从《暂行办法》中明确看出，学业奖学金从设置的初衷上来看就是为了保障研究生完成学业并激励其努力提高自身，突出各方面表现。

2. 社会培养人才的积极导向

《暂行办法》规定，研究生学业奖学金标准不得超过同阶段研究生国家奖学金标准的 60%。研究生学业奖学金名额分配应向基础学科和国家急需的学科（专业、方向）倾斜。中央高校应根据实际情况，对研究生学业奖学金覆盖面、等级和奖励标准进行动态调整。从“名额分配应向基础学科和国家急需的学科（专业、方向）倾斜”的规定上就可以看出来，学业奖学金的导向性是按照国家或学校希望培养的人才标准进行导向，让学生可以在学习过程中把握科学方向，树立正确价值观和就业观，适应社会需求，从而培养研究生成为社会需要的人才。

3. 综合人才培养的教化体现

正如《暂行办法》中将“社会服务”等因素纳入研究生学业奖学金的奖励标准，研究生培养应更加注重培养人才的综合性。在已经具备高等教育水平的研究生培养上，不能只注重单一的学业成绩标准，而更应考虑学生自身各种生理、心理和外部形态、内部涵养等多方面的综合素质，具体如道德水平、社会责任感、社交和创新能力、应变能力等多种综合能力。高校以德育为奖学金制度建设导向,则是自始至终引导研究生在潜移默化中建立高尚品德的自我要求,鼓励学生将自我实现的价值与社会价值联系到一起,真正成为高道德素质与高知识水平为一体的新时代综合人才。

目前艺术类高校的奖学金设置与普通高校大多无异,这一点已在第一节中具体说明。面对我国对文化艺术人才德育的高要求和现行我国艺术类高校奖学金设置中德育导向不明显的矛盾,要求我们尽快改变现状,从奖学金设置标准上体现德育导向功能,引导学生在学习过程中不断优化自身,全方位发展,积极主动承担责任,成为优秀的文艺传承、创造和传播者。

(二)影响艺术类高校学业奖学金制度德育功能发挥的因素

1. 德育标准难以量化

奖学金评定工作中最难的就是数据量化,尤其是德育标准。评定的原则、评定依据和占多少权重都是需要考虑的问题。且德育评价标准是双向的,让制定者和受用者都信服是德育指标能够作为评定标准之一的大前提。

2. 评定机制不够健全

前文提到国外奖学金的评定有专门的奖学金管理委员会全权负责,在评定标准、材料鉴定、奖金发放等方面都有责任。学生的建议也有渠道上达,和委员会建立一个长期有效的动态机制。我国研究生评定奖学金时也是采取提交申请表的方式,但是由于范围过广,竞争较小,许多同学并无实际材料。

3. 存在不良竞争与功利性现象

在评定流程不完全透明的情况下,奖学金评定工作会存在暗箱操作的不公平现象。比如个别开展工作的老师会照顾表现优秀的同学，负责人将信息透露给个别同学，这些都违背了按规办事的原则，加剧了评定的不良竞争。而奖学金评定规则的完全透明又会导致同学“按图索骥”，按照加分的方向去“努力”，甚至出现买论文、拉票、频繁参与一些没必要的竞赛等情况，这也背离了奖学金评定的初衷。而奖学金额度差异过大也会导致竞争激烈，对学生关系、师生关系和道德建设都有一些影响。

三、在中外比较视阈下以德育为导向改革与完善艺术类高校奖学金评定条例

如何完善艺术类院校现行硕士研究生学业奖学金制度，使其不仅充分符合艺术院校之特性同时又能充分发挥德育导向作用，为真正培养出“胸中有大义，心里有人民，肩头有责任，笔下有乾坤”的文艺工作者，推动社会主义文化繁荣兴盛发挥其应有的作用？如何规避硕士学业奖学金评选过程中出现的学生追逐功利现象以及不良竞争情况？通过对国内外艺术类高校研究生评奖制度的分析、探讨得出的结论，结合对上海戏剧学院硕士研究生奖学金制度的修订或许能对这两个问题有所解答。

（一）完善考察德育衡量标准

1. 设立基本否决条件

一般的“评定条件（要求）”有热爱社会主义祖国，拥护中国共产党的领导；遵守国家有关法律和学校的规章制度；勤奋学习，努力掌握专业知识，各门课程学习成绩优秀；热爱集体，品德优良；而因为具有惩罚作用所以对校园文明建设影响力极大的“否决条件”基本没被重视。因而通过设定详细的基本“否决条件”，激发艺术

院校硕士学业奖学金制度的德育功能不失为一种较好的手段。

（1）“凡受到学校各类处分及通报批评者，以及有其他违纪行为、造成恶劣影响者不能参与评选”。如果说国家法律底线硕士研究生尚且还能严格要求自己不去碰触，那么当他们面对校纪校规时倒是显得随意了很多，如使用违规电器、同学之间打架，这对校风、学风建设的不良影响极大。很多高校虽将此类情况放入学业奖学金考核标准之中，但也只是扣除相应考核分数，并不影响违规违纪学生参评资格。现将此纳入硕士研究生学业奖学金评定考核标准的“否决条件”，提高违规违纪成本，这对于同学的行为引导将是最直接的。

（2）“学术研究以及艺术创作中有弄虚作假行为者不能参与评选”。现如今，学术造假情况由教师到学生都有出现过，甚至在名或利的诱惑下屡禁不止。因为研究生评奖与学术能力挂钩，而学术能力的基本参考标准是其在该学年中发表论文的数量。在高额奖学金的诱惑下，不少同学为追求“高产”，除了自掏腰包购买版面发表质量低下的文章外，还甘愿铤而走险抄袭他人学术成果。这类学术不端行为，与最终培养德才兼备的人才目的自然是背道而驰的。对于艺术院校而言，除了学术型硕士论文造假问题需要杜绝，还有艺术硕士（MFA）的艺术创作抄袭情况也需要防范于未然。因而将艺术创作写入规定之中，对于完善艺术院校学业奖学金制度自有其意义。

（3）“无故不参加研究生集体活动累计三次以上者不能参与评选”。艺术院校硕士研究生与非艺术类高校研究生在培养之间存在的最大的差异便是，艺术硕士的培养多是“以实践为主兼顾理论及内在素质的培养”。对实践的强调使得艺术类院校硕士研究生走向另一种极端，几乎是将所有时间用于承接校外各种与本专业相关的事务。甚至因为此，缺席必修课程，对于校园集体活动更是兴致缺缺。

（4）“本人所选全部课程有不及格者不能参与评选”。因为专业差异极大，上海戏剧学院硕士研究生学业奖学金评定过程中，学习成绩得分取该生所修研究生部开设课程的平均分。这让很多同学在学习上采取投机取巧的方式，自己所属院系开设的课程因不计入评奖成绩，所以学习态度随意。这一标准则兼顾院系课程，使得其具有“一票否决权”，同学亦能端正学习态度。

（5）“在学校组织的各类党建考核中不及格的研究生党员不能参与评选”。这一针对研究生党员的规定，可以激发学生党员在日常中发挥模范带头作用，提高其思想政治意识。

2. 落实日常考核

在评奖评优时因为对学生日常检查监督不够“即便有科学量化的指标，也难落到实处，最终所能参考的数据也将流于大锅饭的平均主义形式，如对于思想品德等方面实行无过便是功德评价方式，或更极端地只采用学习成绩作为标准。”[①]在奖学金评选过程中要想真正发挥思想品德考核的作用，最重要的是落实硕士研究生的日常思想品德考核工作。让最终的德育分数有所依据有所参考。

3. 社会服务标准的设立

相对国外奖评体系利用类型丰富的各类奖学金充分发挥了不同的“德育”导向作用，如耶鲁大学设立“勤工助学”奖学金，要求除特殊学生外，所有学生均须接受每年 150 至 200 小时的工作学习

① 袁威，初论大学生评奖评优工作难点及其对策，[J].湖南工业职业技术学院学报.2011.3(11)

任务，以此获得奖学金，以奖学金促进申请者的社会责任感。而我国高校研究生奖学金设置就比较单一，评定标准也基本上是“成绩定全局”，但是根据财教［2013］19号文件（《财政部发展改革委教育部关于完善研究生教育投入机制的意见》）中提出的“高等学校根据研究生学业成绩、科研成果、社会服务以及家庭经济状况等因素，确定研究生学业奖学金的覆盖面、等级、具体标准和评定办法，并负责组织实施。”可见，“社会服务”因素在研究生学业奖学金评定标准中应当占据一定比例。《上海戏剧学院硕士研究生学业奖学金评定条例·讨论版》中将其纳入“附加分”中“实践学分”这一板块。参与校园内外志愿活动的同学，不仅能获得实践学分亦能在学业奖学金评定中获得相应加分。这种引导对于学生服务意识、社会责任感的培养都是直接的。

（二）改革评奖机构与机制

对比国内外艺术类高校奖学金评奖过程，我们发现国内高校极少有专门为学生设立的经济援助办公室，大多是学校负责行政管理的部门兼职，职责多在负责校内奖学金评定上，较少对校外可以申请的奖助学金进行资源的整合、信息的提供。也因我国大部分高校本身奖学金评定体系较简单，细则明确，大部分学生只需阅读细则即可，不需太多咨询服务。但考虑改变现状，应由学校部门牵头，努力寻找不同奖学金来源，丰富奖学金形式，可降低学校学业奖学金金额，转而鼓励更多学生组合申请其他类型奖学金。在寻找奖学金来源方面则需考虑德育目标，系统而科学地发挥德育导向。

另外，在评奖机制上，目前国内奖学金评定主要以辅导员为中心开展，也可以在此基础上引入专家评审、学生评审等综合评审机制，及时公布信息、做好公示，做到信息全公开、全透明，避免暗箱操作等不良行为发生。

（三）增加奖学金种类，鼓励社会力量加入

目前我国艺术类高校的奖学金种类还是比较单一，主要分为国家奖学金、学校奖学金。而奖学金来源主要是国家和学校，社会奖学金无论是数量上还是奖学金的数额上都比较少，针对性不强，评选标准“一刀切”现象明显。高校可选择性增加奖学金种类，用以在不同维度支持和鼓励学生。比如可借鉴国外高校，设立针对进行特定课题研究、参与志愿者工作、少数民族、特定省市、特定系别等群体学生的奖学金。高校应鼓励社会力量加入学校奖学金捐赠和资助，比如当地基金会、商会、慈善组织、政府部门等，甚至可鼓励个人捐赠，制定符合德育标准的评奖细则，适当降低门槛，每种奖学金面向群体可窄化，但组合之后学校总体奖学金设置应努力最大范围涵盖本校学生，鼓励更多人申请各种奖学金，从而进一步发挥奖学金评定过程中的德育导向功能。

以上内容仍是探讨后的初步构想，接下来还将在实际运用中进行检验以及修改。为了真正达到鼓励先进、督促后进的导向作用，树德立人，培养出专业过硬，全面发展的优秀人才，艺术类高校研究生奖学金制度的改革仍然还需进一步探索。

（该课题获上海市 2018 年德育实践课题立项，上海市教育委员会）

"以文化人、以文育人"案例分析与模式研究
——论青年艺术人才的扶持与宣传对策

黄书戎

社会主义先进文化建设是一项长期而艰巨的事业，离不开老一辈艺术家的辛勤耕耘，同时也需要青年一代的接力和传承。因此，加强青年文化人才培养，积极推出青年文化新人，是实现社会主义文化大发展大繁荣目标的迫切需求。当前，国家对青年教育的投入不断扩大，对青年艺术人才的扶持力度不断加大，但要真正创造一个健康、综合、有层次的青年文艺人才培养体系，依旧任重道远。

艺术院校应以人为本、以学生为本，为青少年文化艺术人才脱颖而出不断创造有利条件。上海戏剧学院作为全国顶尖的艺术类院校之一，更应站在青年艺术人才培养的最前沿，通过建立一整套充分完善的人才培养体系和一系列行之有效的扶持宣传措施，将一大批优秀的青年艺术人才推向市场，推向社会，为社会主义文化大发展大繁荣做出贡献。

本文将以青年教师和青年学生为主要对象，立足教学平台、演出平台、培训平台、宣传平台等有关方面，探讨当前青年艺术人才

扶持与宣传过程中已经汲取的先进经验和尚且存在的客观问题，并提出相应的解决办法，力求起到一定的理论导向作用和宣传指导作用，从而及时准确地为学校各院系和行政部门的管理人员、老师、学生提供专业化、全方位、大容量、多角度、多层次的艺术人才扶持与宣传策略方针。

一、充分拓展教学平台

教学是实践之本。教学平台并不局限于校园内部，它的外沿可以不断拓展，深入到校外，如其他综合性高校、中小学、社区、公司等。

在教学平台的延伸拓展方面，我校宣传部联合学工部和相关院系，已推出多个项目，给青年教师和学生充分提供“走出去”的机会进行教学，并达到了良好的实践效果。

案例一：“廉洁文化进校园”大学生原创校园剧大赛暨“源点杯”小品大赛。“源点杯”小品大赛是由我校导演系选派部分学生赴沪上各大综合性高校，辅导这些学校戏剧社团的学生进行小品的创作、排练和演出。今年的“源点杯”入围小品全部参与了“廉洁文化进校园”大学生原创校园剧优秀作品汇演，备受好评。我校导演系学生纷纷表示，参加这次活动不仅有助于他们开拓视野，与综合性高校学生进行交流，更让他们把课堂所学运用到了教学实践中去，对自身的理论素养和技能培养也是一次良好的提升机会。

案例二：高中生戏剧夏令营。我校曾于2013、2014年举办了两届高中生戏剧夏令营。学员是来自复旦附中、格致中学、进才中学、向明中学、延安中学、北虹中学等重点高中的戏剧爱好者。在师资力量方面，除了特邀多名资深教授为学员授课之外，还组织了由大学生志愿者组成的教师队伍，对学员展开有针对性的专业理论与创作实践的指导培训。短短一个星期的时间，大学生志愿者们身体力行，从学生身份转化为老师身份，教给学员表导演的基本技能，并带领学员进行小品排练，最终在结业典礼上呈现了一出出精彩的节目。

案例三：戏剧艺术拓展课程进高中。我校从 2013 年开始戏剧艺术拓展课进高中项目，选派志愿者赴高中讲授一系列戏剧教育拓展选修课程。2016 年，上海命名首批 17 所高中戏剧特色学校，与我校开展长期的合作和资源共享。为此，我校专门成立了高中戏剧艺术拓展课程工作办公室，所选派志愿者均为优秀的毕业生和在校研究生。对于这些即将毕业或刚毕业的青年艺术人才来说，这是给他们提供了一次次良好的社会实践机会，通过走进高中课堂，他们可以真正地将所学知识活学活用，在新的教学平台上展现自我的才华，并培养更多的戏剧艺术后备力量。

二、努力搭建演出平台

近年来，我校秉承“开门办学”的理念和精神，进一步探索青年艺术人才培养与扶持的新措施。学校正在努力搭建产学研一体化的教学演出模式，以培养学生为主，进一步培养观众、培养市场，力争与国际接轨，最终实现将作品推向社会、服务社会，为国内外文化艺术市场输送大量优秀人才的教学目标。

案例一：六届“上戏有戏”演出季。截止到 2017 年底，我校已成功举办六届“上戏有戏”演出季系列活动。活动汇集了该年度最新的优秀剧目，在上海多个剧场和展示空间陆续推出，在充分展示学院综合办学实力的同时，也向社会大众提供了一次次艺术盛宴，为师生提供了一个教学成果的汇报、展示平台。在此过程中，青年京昆人才培养的创新、舞美系学生从创作后台走向展演前台、芭蕾舞作品的教学和展示等，都通过“上戏有戏”活动来得到检验和提升，从而促进各学科相互支撑和相互学习，推动教学创作的活跃与发展。

案例二：五届“中国校园戏剧节”。2008 年至 2017 年，我校已承办了五届中国校园戏剧节活动，除了组织协调等工作之外，我校更是充分利用自身优势，为青年教师和学生搭建演出交流的平台。由我校选送的原创话剧作品《风铃》、《瞬间不是永远》、《国家的孩子》、《中国梦》等作品都荣获佳绩。除此之外，我校还积极将优秀人才资源向外输送，如在第三届比赛中荣获普通组优秀剧目奖和优秀表演奖的剧目《钱学森》，就是由我校选派师生代表赴上海交通大学，对他们进行辅导排练的。

案例三：“扶持青年艺术家计划暨青年艺术创想周”系列活动。截至 2017 年底，上海国际艺术节“扶持青年艺术家计划暨青年艺术创想周”活动在我校已成功举办六届。从上戏剧院、端钧剧场、新空间等专业剧场到学校排练厅、形体房、阳台、草坪，处处有演出，举目皆展览，此外还有工作坊与讲座等。活动以“继承传统、突出现代、推举人才、艺术普及”为主旨，原创和邀约兼具艺术性、观赏性、市场性的优秀青年作品，立足上海，辐射全国乃至全球华人范围，旨在为中国青年艺术人才提供出彩的机会，为上海孵化和向国际舞台输出代表中国新生代力量、具备国际影响力、竞争力的优秀作品，向广大青年观众倡导积极向上的主流价值观。该活动将艺术节“开门办节”和我校“开门办学”理念进行有益结合、大胆尝试，打造“文教结合”的典范。

三、全力构建培训平台

除了大力推进教学和演出平台的建设之外，上戏宣传部还致力于进一步推进教育戏剧在上海大中小学的实践性功能，通过开展教育戏剧培训课程以及推进多样性的实践项目，培养一大批热爱艺术的青年艺术人才，努力推进“艺术教育一体化”进程。通过几年的探索与实践，上戏宣传部在上海市教委的指导和关心下，已经搭建起多个培训平台，为青年艺术人才的扶持与培养不断贡献新的力量，输送新鲜的血液。

案例一：上海市中小学校园戏剧指导教师研修班。该研修班面向上海市各区县中小学、少年宫、少科站的艺术类骨干教师，主要开设戏剧表演、播音主持、编剧等方向的专业培训课，通过每周一次的基础训练和专业培训，使这些戏剧艺术专业教师的艺术素养和教学能力得到全方位的提升，从而积累更丰富的经验和灵感，投入到对青少年艺术后备人才的教学和培养活动中去。

案例二：大学生戏剧艺术实践基地培训班。由我校宣传部主办的大学生戏剧实践基地自 2005 年成立起来，始终紧扣“文化大发展、大繁荣”的主题，为上海各高校培养大学生艺术骨干，除了以上戏校本部作为培训基地之外，同时还拓展培训空间，主动送“课”上门，前往松江、杨浦、奉贤等大学城区域进行课程培训。大学生戏剧艺术实践基地在努力饯行上戏精英教育的理念过程中也积极打造了一个独具特色的大学生戏剧教育品牌，不仅为本校培养艺术类专门人才，也为社会培养具有艺术专门素养的综合型通才。

除此之外，上戏还积极举办各种类型的培训班，力争打造和培养各个艺术类专业领域的人才。如国际导演大师班，从 2009 年开始，分别聘请美国、英国、俄国、法国、德国等国家的顶级国际导演大师和著名戏剧理论家、文化活动家亲自授课，进行导演工作坊，并组织学员进行演出观摩与学术研讨。又如"青编班"、"青导班"、"青音班"的成功举办，以新颖的教学思路和办学方式引起了全国戏剧界的瞩目，这些班的学员们接受完培训之后，均展开了各自的创作，彰显出新生代青年艺术人才的朝气与实力。

四、大力推动宣传平台

长期以来，我校党委宣传部高度重视各项活动的对外宣传工作，不断强化新闻宣传意识，把媒体宣传作为部门工作的重要组成部分，做到了有工作计划，有经费投入，有制度保障，有检查落实，有定期总结。根据本校各项工作进展情况，精心选择新闻发布主题，适时举行新闻发布会、新闻通气会、记者见面会、发布新闻通稿等多种新闻发布活动，组织记者集体采访、单独采访、观摩演出、交流研讨等。根据新闻发布的内容、目的和要求，选择合适形式，努力做到主动引导舆论。

通过精心组织策划、周密安排，宣传部平均每年成功举行 50 多次新闻发布会，内容涵盖了招生改革、人才培养、学术论坛、大型演出、特色活动等方面，不断提高新闻发布的针对性和有效性，保证新闻发布工作的质量和效果。

在宣传平台方面，同时着力于平面媒体、广播电视媒体、新兴网络媒体三大宣传阵地，全面覆盖了中央、地方和校内范围，从多角度、多层面发布、报道了一大批质量高、影响大、社会效应积极的反映青年艺术人才茁壮成长和进步的新闻，大力对外宣传和推介德艺双馨、内外兼修、富有潜质的青年艺术创作、表演新人，营造有利于青年艺术人才成长的舆论氛围。

以我校“上戏有戏”演出季活动的媒体宣传为例，每届的活动媒体报道均达到 20 多次，涵盖了中新网、新华网、新浪网、搜狐网等主流网络媒体和上海电视台、东广新闻台等主要广播电视媒体，以及解放日报、文汇报、新民晚报、青年报等知名平面媒体，其中既有头版报道，也有整版报道，既有新闻简讯，也有深度报道。被中国知网收录的核心期刊《上海戏剧》杂志，每年都制作“上戏有戏”专版，并刊载由我校学生撰写的演出评论和采访报道文章。

与此同时，上戏校园网由专人负责，采集每天发生的最新新闻信息、创作演出活动和各类公告、公示、通知。上戏校园网写作精良、内容新颖、信息量大、文风生动，符合网络媒体受众阅读习惯，正在吸引越来越多的网民关注。据统计，经上戏校园网发布的各类信息，被各大门户网站和网友自行转载的已达万余条。上戏校园网充分发挥了网络媒体在宣传舆论阵地上引领和引导的积极作用，正在产生良好的宣传效果。

在利用报纸、广播、电视、网络等主流媒体宣传渠道的同时，上戏宣传部还尝试微博、微信、手机客户端等新兴媒体的开发与运用。这就建立起了视频、网络、手机三屏合一的立体化品牌宣传模式。

在“上戏有戏”“创想周”等活动期间，我校通过微博、微信等平台，推出了网上查阅演出信息、网上订票等功能，实现了自主营销和推广的新模式，从而给青年艺术人才提供了更加宽广的市场化平台，接受来自于市场的检验和挑战。

青年艺术人才的扶持与宣传离不开教学平台、演出平台、培训平台、宣传平台四位一体的综合推动力。除了上文所提到的有益经验之外，目前，我校在青年艺术人才的扶持与宣传工作方面，依然面临着一些亟待解决的问题和困难。主要表现为：

（一）**理念落实不够**。当前我校正面临教育转型和创新，面临着艺术教育与上海文化艺术发展需求的主动对接和引领。但由于理念的落实不够，仅停留在口号的层面，不少干部和教师对改革发展的危机意识不够强烈，这就导致了疲软的精神面貌和工作状态，不利于青年艺术人才的扶持和培养。所以，要从根本上解决这一问题，还需要长远的贯彻落实。

（二）**制度有待健全**。目前，学校尚缺乏一套针对青年艺术人才教学、科研、创作演出的内在关联体系和一系列成熟的管理机制，在教学和执行上就得不到严格保证，甚至产生脱节。因此，有关规章制度的建设和完善迫在眉睫。

（三）**经费投入有限**。经费保障是基础，对于青年艺术人才的扶持与宣传，目前学校尚无专项经费，均由各院系和部门自行筹措，或由市教委分散性下拨，这就容易导致各院系部门自立门户、自行其是，不利于整个上戏青年艺术人才培养的总体性策划和框架搭建。因此，从校级层面，应研讨划拨该项目专项经费的可行性，该经费可专门用于青年人才的艺术创作、表演实践、宣传推广等。与此同时，经费的管理要规范，账目要清晰，充分保证经费的合理利用。

（四）**奖惩措施不足**。以上三个方面的缺失，可能直接导致学校对于青年艺术人才成长发展的奖惩意识较为淡薄，未设立相应的奖惩措施和表彰机制，不利于提高青年教师和青年学生的主动性和积极性。

综上所述，进一步加强青年艺术人才队伍建设，任重而道远。我们应在已有的理论和实践基础之上，充分吸取经验，改进不足，通过学校专业教师和各职能部门的分工协作，向社会推出一批批德艺双馨、内外兼修、富有潜质的艺术创作和表演新人，形成有利于多出精品、多出人才的人才培养和宣传推介新机制。为把上戏建设成为至善至美的高水平一流艺术院校而努力！

润物有声

——思政类主题纪录片创作育人模式初探

李宗禹

【摘要】 党的十九大对青年一代提出了新要求、新期望，青年一代肩负着新的历史使命，高校思想政治工作要以报告十九大精神为指引，用正确的价值观培育新青年，用闪光的汗水成就栋梁材，使新时代的青年人成为“有理想、有本领、有担当”的国之英才。

辅导员是高校开展思想政治教育的骨干力量，是高等学校学生日常思想政治教育和管理工作的组织者、实施者和指导者。要培养学生成为又红又专、德才兼备、全面发展的社会主义合格建设者和可靠接班人。上海戏剧学院以自身学科专业为基础，创造性地提出“戏剧 + 思政”的特色理念，在戏剧“美育教育”的大概念下，根据辅导员的不同专业特点，延伸和拓展出新的内容，与思想政治教育巧妙对接、融合，形成独树一帜的高校思想政治教育新模式。本文结合党的十九大精神、全国高校思想政治工作会议精神、教育部 43 号令精神，结合具体的一线辅导员工作实际，阐述“纪录片 + 思政”的育人实践和模式创新。

【关键词】 十九大 思政纪录片 育人模式 戏剧教育

2016 年 12 月 7 日—8 日，全国高校思想政治工作会议在北京召开，习近平总书记的重要讲话，犹如一股春风吹拂中国大地，总书记要求高校坚持把立德树人作为中心环节，把思想政治工作贯穿教育教学全过程，实现全程育人、全方位育人，努力开创我国高等教育事业发展新局面。

习近平在讲话中指出："我国高等教育肩负着培养德智体美全面发展的社会主义事业建设者和接班人的重大任务，必须坚持正确政治方向。"德育、智育、体育、美育四个重要方面的均衡、充分发展是肩负社会主义事业的重要前提和保证，坚持正确的政治方向，是德智体美教育得以均衡和充分的重要前提和保证。

在这四个重要方面中，美育是艺术类高校教育教学的重点，也是专业育人、艺术育人的特色所在。上海戏剧学院作为中国艺术教育第一方阵的重要成员，肩负着促进中国文艺大发展、大繁荣的国家使命，同时肩负着传播美、塑造美、培育美的教育使命。

2017 年 10 月 18 日，党的十九大隆重召开，习总书记的报告对举什么旗、走什么路、以什么样的精神状态、担负什么样的历史使命、实现什么样的奋斗目标，作了新时代的历史回答，总书记把中国特色社会主义的美好前景前所未有地清晰展现在世界面前。报告中，习总书记用了专门一段，寄语青年一代："青年兴则国家兴，青年强则国家强。青年一代有理想、有本领、有担当，国家就有前途，民族就有希望。中国梦是历史的、现实的，也是未来的；是我们这一代的，更是青年一代的。中华民族伟大复兴的中国梦终将在一代代青年的接力奋斗中变为现实。全党要关心和爱护青年，为他们实现人生出彩搭建舞台。广大青年要坚定理想信念，志存高远，脚踏实地，勇做时代的弄潮儿，在实现中国梦的生动实践中放飞青春梦想，在为人民利益的不懈奋斗中书写人生华章！”①

作为高校辅导员，肩负着青年一代成长成才的重要使命。辅导员是高校开展思想政治教育的骨干力量，是高等学校学生日常思想政治教育和管理工作的组织者、实施者和指导者。要培养学生成为又红又专、德才兼备、全面发展的社会主义合格建设者和可靠接班人。这是国家教育部在《普通高等学校辅导员队伍建设规定》中对辅导员的定位与要求。

面对新形势下培育青年一代的时代使命、高校思政工作的高标准严要求，上海戏剧学院以自身学科专业为基础，创造性地提出“戏剧＋思政”的特色理念，在“戏剧＋思政”的大概念下，根据辅导员的不同专业特点，延伸和拓展出新的内容，与思想政治教育巧妙对接、融合，形成独树一帜的高校思想政治教育新模式。

本文，就以纪录片这一艺术门类作为载体，谈一谈思政类主题纪录片创作的育人模式。主要从以下三个方面进行论述。

一、纪录片与思政类主题纪录片

纪录片，是一个并不陌生的词汇，尤其是2012年以后，主流媒体纷纷推出各类纪录片，“纪录片”这个词汇进入更多中国人的视线，最熟悉的莫过于《舌尖上的中国》，中国美食博大精深，源远流长，这是每一个中国人都知道的，但是，《舌尖》的播出，让中国观众第一次直观、全面、详细、多元地了解中国美食文化，迅速火遍大江

① 引自中国共产党第十九次全国代表大会习近平总书记的讲话.

南北，国内国外的原因除了中国美食本身具有的魅力，更重要的是得益于传播的载体——纪录片。

“一个国家没有纪录片，就像一个家庭没有相册。”智利著名纪录片导演顾兹曼，曾用这样的话语来阐述纪录片对刻画时代精神、保存群体记忆的功用。五年来，纪录片行业的发展随着中国社会的变迁越来越繁荣，不同题材，不同类型的纪录片作品纷纷出现，随着科技手段的不断提高，小型摄影机、手机等电子产品为纪录片的创作提供了便捷的条件，通过“纪录片”进行大学生思想政治教育的也因此变得更加便捷和可行。

“思政类主题纪录片”是纪录片的一个类型，这个课题的研究基础，是参与其中的创作者可以通过纪录片产生传递信息和自我教化的作用，在传递美的过程中接受美的洗礼，从而得到精神的启迪和升华！当纪录片成为一种艺术载体，创作者、被拍摄对象、观众都与纪录片“搭建”起联系时，纪录片本身所具备的功能是多元的，创作者的观点、视角、技巧通过纪录片的艺术表现形式呈现出来，被拍摄者在镜头下呈现生活，呈现故事，观众透过荧屏接受信息，获取观点，产生感受。可见，纪录片“育人”的充分体现。

面对这个课题，我们不禁要提问：什么样的纪录片才算是思政类主题的纪录片？录制一场正能量的演讲算不算？用手机拍一次运动健儿的比赛算不算？去街头采访路人关于社会热点的观点算不算？面对这些问题，我们搞清楚两个问题：第一，要搞清楚——“思想政治”工作是什么？思想政治工作是“以人为对象，解决人的思想、观点、政治立场问题，提高人们思想觉悟的工作。”这明确地给出了思想政治工作的概念，思政类主题纪录片亦需围绕这一基本概念展开。第二，要搞清楚——纪录片的基本属性和艺术样式，使用摄录设备单纯的录制一场演讲或者活动，这不算纪录片，纪录片的基本属性除了真实以外，更重要的是通过对画面的剪辑与组接进行叙事，以此传递创作者的意图和作品的精神内涵。简单来讲，真正意义上的纪录片需要具备创作性，而非单纯的纪实。

综上两点，我们或许可以为“思政类主题纪录片”进行广义上的定义：创作者用纪录的方法，将外界的人、物、事进行整合与编辑，通过镜头语言，在纪录与叙事中达到弘扬主流价值观、提高思想觉悟、坚定政治信仰、启迪心灵、传递正能量的影视作品。

对高校的思想政治教育工作者来说，可以在广义的定义上进行狭义的延展，可以结合不同学科、专业、门类进行细分，可以加入特色的技巧、元素、方式进行创新。

二、“纪录片＋思政”模式探索——以上海戏剧学院为例

作为一线辅导员队伍中的一员，在开展大学生（尤其是艺术类大学生）思想政治工作的实践中，曾遇到过很多问题，艺术类专业的学生专业技能性较强、课外实践多、思维活跃、性格外向、无拘无束，有些时候出现“不受控”的现象，这就为很多工作增加了难度，例如形势政策课后排学生睡倒一片，班会讨论无人发言，党员民主生活会、专题组织生活学生党员态度不认真、应付了事等等，在无数次地与学生“斗智斗勇”的过程中，不禁让人反思，是否存在：老师认为把最有营养、最可口的菜肴让学生吃，学生却出现“消化不良”的情况？学生党员群体出现的种种现象，是否是老师做的还不够到位，不适应他们的接受方式？如何以一种更有成效、更让艺术类大学生接受和喜爱的方式进行思想政治教育和学生事务管理

呢？面对这些问题，促使了上海戏剧学院辅导员队伍建设的深入思考。

“戏剧+思政”是上海戏剧学院学生工作部门提出的思政教育新模式和新理念，目前，这一模式正在不断地落地实施中，践行主体是各院系辅导员老师。在艺术类院校中，辅导员不仅承担了日常的教学和管理工作，其各自的专业是辅导员队伍的特色，在不断地深入思考“如何将辅导员自身专业与思想政治工作相结合”这一问题时，就逐渐诞生了“戏剧+思政”的理念。笔者所负责的“纪录片+思政”的板块就是其中的一个研究分支。笔者所在的院系是舞台美术系，学生多以绘画为专业基础，划分为舞台设计、灯光设计、服装与化妆设计等专业方向，绘画作品和影像作品有异也有同，在呈现方式上，它们都以画面作为载体传递信息，不同的是，绘画作品是静态、固定的，影像作品是动态、运动前进的。动与静之间，形成了有趣的联系。下面，我们就以上海戏剧学院为案例，初步探索“纪录片+思政”的育人模式，跟读者共同讨论思政工作的创新理念。

1. 工作坊(workshop)的组织形式

工作坊最早出现在教育与心理学的研究领域之中。1960年代，美国人将这一概念引用到都市计划之中，成为可以提供各种不同立场、族群的人们思考、探讨、相互交流的一种方式，甚至在争论都市计划或是对社区环境议题讨论时成为一种鼓励参与、创新、以及找出解决对策的手法。①

纪录片创作的全过程，皆统一于工作坊中。这是一个非常利于思考、碰撞、创作的形式，从开始的头脑风暴、主题设定到过程中

---

① 互动百科，http://www.baike.com/wiki/工作坊.

的分组拍摄、剪辑，再到展映、探讨、交流，都以工作坊“轻松、自由、富于青春、充满活力和创造性”的风格贯穿始终，可以圆桌会议、可以席地而坐、可以草坪小聚，咖啡、茶点点缀，这种组织形式不仅符合大学生青春朝气的特点，更有利于多种思想相互碰撞，形成好的选题和构思。

2. 细分的选题

一个良好、巧妙的选题，是一部主题纪录片作品成功的关键因素之一。在工作坊中，选题多数以小组阐述的方式展开，辅导员作为主导者，不仅要仔细听取小组阐述选题的理由和执行方案，还要从政治性、思想性、可行性等方面进行考虑，预判作品成片的效果以及传递的世界观、人生观和价值观是否准确，要及时地对学生给予肯定或纠正，对方案提出建设性的意见，以帮助学生进行完善。同时，这也是辅导员老师对工作坊小组成员进行思想政治教育的好时机。

社会热点新闻常常是获得优秀选题的“宝藏”，身边人与事、历史故事新演绎等方面，也有很多题材可以挖掘，除了辅导员老师的引导，更重要的是让学生主动探索，发觉宝藏。在这方面，上海戏剧学院的学生党员和入党积极分子就以“十分钟，年华依旧”为主题，对上海戏剧学院六位国宝级的艺术大师进行纪录片拍摄，他们有的是奥运会的分组总设计，有的是绘画大师，有的是享受国务院特殊津贴的专家，有的是学院的老领导，在各自的学科领域，他们是一座座高峰。刚刚入学和刚刚入党的同学们，拿起摄像机，对准这些白发苍苍的老前辈，与他们一起生活，一起绘画，一起聊天，镜头就像一只还未学会飞行的雏鹰，虽然稚嫩，却对伟大的艺术生命和宽阔的艺术天空充满向往。六个小组，六个主人公，二十几个党员和积极分子同学，拍摄的过程充满挑战，但是在展映和交流环节中，我从上百个观众的眼神和体会中，看到了正能量、责任感、使命感和青年一代的担当。

3. 多样的纪录片呈现视角

在指导学生创作时，对于纪录片作品的呈现类型可以相对宽松，甚至不拘一格，归根结底，学生最终呈现的是一件艺术作品，不同的类型、风格和样式会让艺术作品呈现多样性和丰富性，这对工作坊是很有好处的。

在实践中，就出现了多种不同的类型，例如以采访为主，以一问一答为主要形式的采访类纪录片，这种类型常见于拍摄德高望重、行业精英、模范典型的人物，镜头比较单一、以问答为主，被采访对象用他们的现身说法，讲述故事、传递情感和价值观念；例如以第一人称视角，参与到具体事件、工作、活动中的主观纪实类的，这种类型是以创作者为主人公，让观众跟随创作者的镜头去身临其境，获得如同创作者一样的感受，达到传递信息和输出价值观的作用；例如客观地记录被拍摄者的工作、生活、学习等活动，配以旁白、解说、音乐，用第三人称的视角记录，用冷静的态度传递作品主题和思想。还有一些同学思路非常开阔，他们使用静态图片进行组接，形成一段视频影像，还有的小组使用“搬演”的方式，还原历史场景，还有的小组使用默片的方式，利用摄影机的升格和降格技术，达到特殊的类型样式，等等。

艺术类大学的学生具备一定的画面、构图、叙事技术技巧，这是优势，但是，对于从未接触过艺术创作的综合类大学学生来说，从零开始，围场不是一件好事。本人带的一支学生思政纪录片创作团队，是一群从未碰过摄像机的女同学，但是，从最后呈现出来的作品质量来看，一些出其不意的设计和亮眼的小创意，远远超过专业学习摄像技术的同学，这是有一定道理的。没学过的同学意味着没有任何的约束和限制，很多巧妙和富于创造性的想法自然就冒出来了，通过专业同学给予的技术支持，创意得以展现，自然就有不错的效果。

4. 全媒体的传播渠道

在主题纪录片创作不同实践环节中，“传播”是以点带面的关键一环，育人效果的扩大化、延展化在这一环节得以体现和落实。

互联网时代，信息传递多元且通畅，校园网、互联网、视频网站、分享网站、微博、微信等等，都成为信息传递的有力载体，新媒体网络时代呼唤社会主义先进文化和艺术作品，思政主题纪录片的传播要完成从点到面的过渡，才能将育人效果最大化。

在实践中，可以将这一环节分成三个步骤：第一，创作小组内的展映工作坊，不同小组之间，进行主题、思路、内容、技巧上的讨论，互相提出建议，取长补短，辅导员老师进行点评，在综合意见的基础上，小组对作品做出修改；第二，校内展映，由学生党支部或学生会发起，面向校内全体学生进行纪录片展映活动，展映结束后，交流互动是很重要的一个环节，有心得同学的发言可以让其他同学获得新的感受和教育，这对育人效果的提升是很有帮助的；第三，网络媒体展映，当下视频传播的媒介非常多，在这里不再赘述，仅一点需要提醒，要注意对纪录片作品知识产权的保护和被拍摄对象权利的维护。

工作坊作品创作的学生，得到了锻炼，更在这一完整的过程中得到了思想的深化、进步和启迪，让学生真正成为学习、创作的主人，这也是这一模式的新颖之处。

三、"纪录片十思政"育人模式的必要性与可行性

党的十九大报告对青年一代提出新期望,对青年一代的培养提出新要求,青年一代坚定中国特色社会主义文化自信、理论自信、制度自信、道路自信极为重要,高校辅导员对青年大学生的思想政治教育和价值引领极为重要,面对95后大学生的特点,用他们能够接受,乐于接受的方式进行思政教育,努力培养他们成为中国特色社会主义合格建设者和可靠接班人极为重要。

"纪录片+思政"育人模式是新时代思政教育的创新模式,其必要性体现在以下两个方面:

1. 新时代思政工作呼唤新模式、新方法

十九大报告中明确提出,中华民族伟大复兴的中国梦终将在一代代青年的接力奋斗中变为现实。不同的时代,有不同的情况,新时代的中国,综合国力不断提高,政治、经济、文化等各个方面繁荣发展,青年一代的培养模式只有不断地创新才能适应当代大学生的发展,一成不变、固步自封的时代早已一去不复返。育人新模式新方法,逐步在中国高校绽放,这是时代的呼唤,更是历史的使命。

2. 95后大学生思想、语汇变化,边教边学成为常态

作为一线辅导员,在与学生和专业教师交流中发现,学生有时竟可以做老师的老师,老师有时竟要向学生寻求新词汇的解读。在微博、微信、朋友圈中,新的思想、观点、语汇层出不穷,青年一代对此极为敏感,接受度极高,往往刚刚出现的词,马上就可以GET,然后活学活用,作为高校教师,若不边教边学,可能真的会让学生"落下"。

“纪录片+思政”的模式，是在工作坊的氛围中，教师和学生共同创作艺术作品，最终的呈现是集体智慧的结晶，是团队的力量，师生之间互为老师，互助提高，是新时代辅导员自身定位的重要内容。

“纪录片+思政”育人模式的的操作性强，以工作坊的形式贯穿始终，学生在过程中获得进步与收获，其可行性体现在以下两个方面：

1. 实践性强，寓教于艺术作品创作

著名导演谢晋在电影作品《最后的贵族》中有一句台词：“世界上的水都是相通的。”其实，艺术作品也是想通的，古今中外，优秀的艺术作品可以横跨千年，依然经典。影像作为工业文明的产物，是新时代大家喜闻乐见的艺术形式，将育人目的蕴含于这一艺术形式中，强于枯燥的理论授课，更符合当代大学生的学习特点和接受习惯。

2. 流程简洁规范，可复制性、可执行性强

在本文中提到的模式，是在多次的工作坊实践中形成的较为科学合理，简洁规范的模式，随着科学技术的进步，手机摄影已达到较高像素水平，某些情况下，比专业摄像机更加灵活、便捷，95后大学生对新科技手段的掌握前所未有，他们是这些只能摄录设备的熟练使用者，“纪录片”这一艺术表现手法，正好贴合了这一点，使他们在创作中可以尽情的发挥其主观能动性。

本文，对思政类主题纪录片做了界定，对“纪录片+思政”的模式进行了初步探索与讨论，对推广和复制这一模式的必要性和可行性进行了分析。新时代大学生思想政治教育关系到青年一代的成长成才，高校辅导员队伍应认真学习习近平总书记党的十九大报告精神，践行社会主义核心价值观，努力提高学生的道德情操，

培养他们成为新时代中国特色社会主义事业的合格建设者和可靠接班人，为决胜全面建成小康社会、全面建成社会主义现代化强国而贡献青春力量！

艺术类高校图书馆文化育人功能及其实践路径研究

马天元

【摘要】 在道德与文化生活日益多元复杂的今天，艺术类高校文化育人工作面临更高程度的挑战，其平台建设和机制构建需要注重高校德育的针对性和实效性。在“互联网+”思维不断影响人们的今天，以图书馆为核心的“图书馆+”思维也日益出现在人们的视野中。文化育人的核心在于以文化人，以文育人，其根本在于从全方位塑造理想人格和独立人格，并让人在内心深处产生追求真善美的信念。艺术类高校图书馆参与文化育人的路径建设以学生媒介素养的培育创新为核心，通过媒介素养培育空间的建设、特色影像教育、公益书屋和信息素养课程为载体，深化艺术类高校大学生文化育人平台构建，完善与高校教学和德育工作队伍的协同建设，开发富有特色的文化育人平台，探索新形势下美育、德育、智育的协同育人机制，达到以美育促德育，以艺术化人心的效果。艺术类高校以文化人的德育目标是以人化文，也即是将中华优秀传统文化及其价值观纳入人心之中，并显现在文化传承创新之中，最终为中国成为文化强国奠定基础。

【关键词】 文化育人　媒介素养　育人机制　以文化人　以人化文

图书馆是高校的文化心脏，在道德生活日益复杂、文化生活日益多元的今天，艺术类高校作为文化传承的重要平台和文化创新的重要载体，要积极探索德育创新平台和机制的构建，以增强高校德育的针对性和实效性。

艺术类高校一般来说规模不大但五脏俱全。从专业角度、学生思想行为特征和体量规模上说，艺术类高校德育建设有其一定的独特性。原中共中央政治局委员、国务院副总理刘延东同志在艺术院校调研和座谈时强调："要认真贯彻习近平总书记文艺工作座谈会重要讲话精神，全面贯彻党的教育方针，把艺术教育作为素质教育不可或缺的重要内容，促进学生德智体美全面发展，为经济发展、文化繁荣提供各类艺术人才和智力支撑，为提升国家软实力做出新贡献，以此推动艺术教育以美育人，以文化人。"

在"互联网＋"思维不断影响人们的今天，以图书馆为核心的"图书馆＋"思维也日益出现在人们的视野中。艺术类高校文化育人工作的载体建设必然绕不开图书馆。图书馆在深化艺术类高校以文化人、以美育人的过程中有着特殊的作用。引导学生在实现中国梦伟大实践中创造出彩人生，应当深入研究艺术类高校文化育人工作的渗透性途径。

一、高校文化育人理论研究

文化是一个复杂的概念。大学文化育人载体是指承载大学文化知识和信息并成为育人要素的物质构建或理念展示，具有明确的价值取向，是凝练大学办学理念、办学目标、办学特色及办学风貌的独特平台，其功能在于营造独具特色的大学文化氛围，发挥大学文化育人的独特魅力。① 文化育人既能够培育个体人格的内在统一和外在持存，更能够为人的类塑造集体的文化身份。具体包括为民族文化培养认同感和归属感，这其中既关乎国家的文化安全与文化软实力，更关乎一个民族的核心价值观、凝聚力和向心力。塑造人的个体人格的谐一和人的类身份的确定，促进世界和平永续与人类文明化持存的至善，是文化育人追求的最高的善。② 文化育人的核心在于以文化人、以文育人，其根本在于从全方位塑造理想人格和独立人格，并让人在内心深处产生追求真善美的信念。目前，关于高校以文化人以及文化育人的载体以及实践途径主要集中于博物馆的育人体系建设研究和通论性研究，主要在如下几个方面：

1. 高校博物馆文化育人研究

上海交通大学王琳媛等人编著的《全国高校博物馆文化育人发展研究报告》作为教育部人文社会科学研究专项任务项目“高校博物馆文化育人功能及育人体系建设研究”的成果，系统地分析了我国高校博物馆的基础设施以及体制机制等概况，同时运用结构方程模型，深入剖析了影响高校博物馆文化育人的潜在变量及其动因，同时通过和国外大学博物馆的对比研究，指出了我国高校博物馆在育人建设方面的不足。

北京航空航天大学文化与艺术传播研究院执行院长蔡劲松的

① 施卫华. 大学文化育人功能及实现路径研究[J]. 思想教育研究，2016(5)
② 李建国. 文化育人的哲学省思[J]. 高等教育研究，2014(4)

专著《大学博物馆的当代转型》以对世界高等教育发展和现代博物馆建设体系中的大学博物馆反思与转型为坐标，以探寻大学博物馆的当代价值为主轴，从大学文化视角出发，重点针对大学博物馆自身建设及文化育人、公共文化服务等方面展开深入讨论，进而从学理上阐释大学博物馆的本质及育人功能。该书的研究特别强调我国大学博物馆建设及其在文化育人方面的重要意义，呼吁充分发挥大学博物馆在大学教育、文化建设、社会服务等方面的多重价值。该书指出："面对一个变革与转型的时代，积极主动地开展以文化育人为核心的社会公众服务活动，不仅是大学博物馆实现社会价值的效应倍增器、彰显社会效益的最佳途径，也是破解大学博物馆始终处在社会文化'消费'边缘地带的有效方式，更是其使命所在、责任所在。"

2. 大学文化育人理论研究

海南大学吴清一提出了大学文化四维向度协同实现育人功能的范式构建，他认为价值共通、柔性合作、长期导向和创新发展的协同是实现育人功能的范式构建，其育人方法具体表现为局域典型、平等对话、预防式教育和反思式教育。

眭依凡等人合著的《大学文化思想及其文化育人研究》对大学文化育人思想做了深入研究，认为文化育人在于培养理性精神、营造学习化生态环境和培育大学理想主义氛围三方面。

艺术类高校大学生往往个性独特，这给高校党建和思政工作带来了巨大的挑战。当今的艺术教育已经逐步走向大众化和精英化双向发展的模式，艺术类院校的育人模式和育人机制也正在向多层次发展，因此艺术类高校大学生的思想政治教育工作也面临时代性的改革和创新。习近平总书记在全国高校思想政治工作会议上的重要讲话指出："要坚持把立德树人作为中心环节，把思想政治工作贯穿教育教学全过程，实现全程育人、全方位育人，努力开创我国高等教育事业发展新局面。”要把思想政治工作贯穿教育教学全过程，就要通过全过程育人、全方位育人体现出来。思想政治工作，不仅仅体现在思想政治教育的课堂上，更是在学生成长的每个环节。无论课堂内外，都存在着价值引导、精神引领的问题，因此艺术类高校思政工作全方位育人的载体和有效路径建设就尤为重要。

二、以媒介素养培育为核心的文化育人体系

图书馆往往是许多实践型的艺术类大学生去的最少的地方，图书馆似乎在艺术人才的培养环节中没有发挥相应的作用。而在当代中国文化大繁荣大发展的背景下，文艺人才的媒介素养至关重要，媒介素养的提升有助于其向复合型人才进一步转型，有助于其自我知识空间的构建和自我能力的提升。从某种意义上说，媒介素养对艺术类院校学生来说尤为重要，是其终生发展的根本。同时通过高校开展系统的文化育人活动，提升艺术类大学生的媒介意识和媒介道德，使其正确认识媒介的性质与功能，对媒介信息做出较为准确的判断，避免受到不良媒介信息的误导和暗示，从而尽可能避免出现价值判断和言行的偏颇。因此，图书馆德育功能的开发和文化育人建设路径应当成为艺术类高校思政工作贯穿教育教学全过程的关键之一，以期达到全员育人、全方位育人的目标。以此为基础，进行阅读推广模式创新，结合艺术类高校学生的性格特点，利用信息手段促进阅读、营造轻松愉悦的图书馆氛围、结合党建设立阅读推广服务岗位、展览讲解员以及结合艺术专业的特点丰富活动形式，深化艺术类高校大学生德育平台构建。

媒介素养培育一直是高校教育不可忽视的重要一环，更是艺术类高校大学生综合素质不可或缺的一部分。媒介素养这一概念最早由英国学者利维斯和汤普生在1933年提出，主要目的是为了反对传媒中“低劣”的大众文化，来保护本国“优秀”的传统文化。所谓媒介素养，是获取、解读和使用媒介信息的能力。英国媒介素养教育学者大卫·帕金翰认为，“媒介素养指使用和解读媒介信息所需要的知识、技巧和能力”。美国媒介素养教育专家詹姆斯·波特认为，“媒介素养是我们积极使用大众媒介并解读所遇信息时采用的一套方法”。斯坦利·巴兰在《大众传播概论：媒介素养与文化》一书中提出，“媒介素养是有效和高效理解和使用大众媒介传播内容的能力”。国内也有学者指出，“媒介素养就是指人们正确地判断和估价媒介信息的意义和作用，有效地创作和传播信息的素养”。媒介素养不仅仅是一个学术概念，它更是一种社会行动。[①][②] 媒介素养对于当今大学生而言至关重要，它对于大学生综合能力提升有着很强的关联性，对于艺术类高校大学生来说更是如此。艺术类高校图书馆在学生教育过程中不仅承担了教学辅助机构的职能，在艺术类大学生媒介素养的培育提升方面更是具备一定的潜质。因此，开展以媒介素养培育提升为主的文化育人活动是艺术类高校图书馆开展文化教学辅助的重要路径之一。

1. 图书馆特色空间建设

不少图书馆目前都不同程度地建有特色阅读休闲空间。一般

---

① 张艳秋.理解媒介素养：起源、范式与路径[M].北京：人民出版社，2012：80—81.

② 张艳秋.理解媒介素养：起源、范式与路径[M].北京：人民出版社，2012：2.

来说，高校的特色空间往往是一种配以咖啡厅、阅览室的休闲空间。笔者认为，简单的休闲空间如果经过加以改造成特色空间，可以在学生媒介素养培育方面发挥更高效的职能。媒介素养着重于个人对前沿信息和时代热点的综合把握。图书馆特色空间的设计应当注重学科前沿和时代热点，让学生对时代脉搏有主动获取信息的能力和动力，使特色空间和学生学习相辅相成，创造出一个赏心悦目、借阅方便和优美恬静的环境，从而满足高校大学生的潜在研习需求，给图书馆德育和美育提供优良的土壤。

这种特色空间并非是简单的休闲区域，这种做法可以把空间还给思考，更加凸显“图书馆＋”的特性。运用特色空间开展媒介素养培育的方式主要有以下 3 个：

（1）整合相关院系资源专门开设媒介素养室

艺术类高校往往具备较好的影视设备资源，如果加以整合利用，会形成比较完备的媒介空间和媒介展映区域。以戏剧影视学为主的艺术类高校为例，可以将戏剧影视媒介做专门的主题空间，让学生感受媒介与艺术的交融，体验到技术变革和艺术展示的互融关系。

（2）特色影像教育

理论上说，艺术类高校大学生对影像媒介相对较为熟悉，与之相关的课程也较多。从接受度上看，从影像媒介教育入手，是较为可行的切入点。艺术类高校的影像教育资源相对较为丰富，相关院系和图书馆联合开展影像媒介教育是一种优势叠加。高校图书馆可以请有关专家进行媒介素养的讲座，选取著名经典影片、各国获奖影片、文学名著影片、国产优秀电视剧等进行播放，使学生在艺术享受的潜移默化间陶冶艺术修养，还可以提升他们的艺术品味和视觉素养。[①] 对于艺术类高校图书馆而言，影像媒介教育更为成熟也更加有针对性。图书馆往往具备放映厅或多功能厅等设备，对于放映厅的空间利用和特色化服务也是对学生媒介素养培育的一种有效手段。

(3) 高校公益书屋

在实体书店日益萎靡的今天，不少高校书店在生存上都遇到了困难。作为高校文化设施的又一新载体，公益书屋逐渐在国内显露。在图书馆内设置公益书屋成为了许多高校图书馆的新做法。高校公益书屋并不是高校内小资情怀和文艺青年的聚集地，也并非简单的书店，而是具备高度人文情怀的综合文化空间。公益书屋是从国外传过来的一种公益模式，是一种具有公益性质的微型图书馆。人们可以在其中分享自己喜爱的图书，但需遵守“取走一本书，放入一本书”的原则。因此，书屋本身也是图书馆隐性德育的一种形式。从媒介素养培育提升的角度来看，以公益书屋为切入点，有利于培育学生媒介交换、信息交流的主动性和有效性。而书屋交换书籍的模式也是德育的一种潜在形式，陶冶了人的审美品格和道德人格。艺术类高校图书馆应和学校学生工作队伍建立一套协同机制，深化学校第二课堂建设，在学生德育实践、教学培养方案上做出系列调整，充分利用图书馆媒介优势，规范引导学生的媒介利用与信息甄别索取能力。

2. *图书馆信息素养课程改革*

目前，不少高校均开展了信息检索课程，作为高校图书馆文化育人直接的课堂载体，这对于学生媒介素养的培育提升具有一定

---

① 张有平.论新媒介环境下大学生的媒介素养[J].山东艺术学院学报，2007(4)：84—88.

意义。但诸多信息检索课程仅仅停留在文献检索的工具性介绍，从调研数据上看，有 35.8%的学生对该类课程没有兴趣，在艺术类高校中，更是有 65.3%左右的学生对该类课程没有基本的概念。可见对将媒介素养的培育融合到信息素养课程中去不仅对艺术类高校文献检索信息课程的整体提升具有重要意义，而且对艺术类高校大学生的媒介素养培育增加了课时上的固定性，有利于系统化地加强艺术类高校大学生的媒介素养，具体做法应当注意以下几点：

(1) 根据艺术类高校大学生的学习情况和生活习惯，减少一定程度的理论课，以更多的实践操作取代枯燥乏味的理论部分。

(2) 增加新媒介使用内容，以贴合学生的实际情况的微博、微信、公众号等新媒介工具使用和介绍为主。

(3) 在每年新生的入馆教育中，增加媒介素养内容，图书馆使用手册应当成为新生入学教育的必备内容，使艺术类高校大学生在入学之初就有媒介素养的概念性认识。

(4) 在有条件的情况下，艺术类高校可以联合影视学科相关院系组建媒介素养培育中心，将艺术类高校电影电视相关院系的教育资源进行整合，辐射全校师生，充分发挥艺术类高校的师资优势、资源优势，加以较为先进的技术手段进一步深化艺术类高校媒介素养培育的实效性和针对性。

(5) 媒介甄别与综合利用的有效性逐步加强。有学者在研究中总结道："大学生所具备的媒介素养，基本上是以长期媒介接触为代价的自发行为，未真正进入到使用媒介和理解媒介的自觉阶段。这样的自发教育的结果使得大学生虽然具有较强的媒介使用能力，能够快速、便捷地获取信息，但无法对媒介信息传播方式及信息本身做出及时准确的评价，不能充分有效地利用媒介资源，凸现了高校针对大学生开展媒介素养教育的不足。”[①]对于媒介的判断性吸收是艺术类大学生实践能力不可或缺的一部分，图书馆应当创造条件开展针对学生媒介甄别与利用的教育，逐步将这部分内容引入学生信息检索课程之中。

所谓大学生媒介素养的提升并不是简单地引导学生把互联网和图书馆及其数字资源作为学习的辅助工具，而是要引导大学生正确看待新形势下的信息媒介资源与传统媒介资源（如纸质资源）的辩证统一关系，认识到传统媒介和信息媒介实际上是高度统一的。如何有效熟练地把握传统媒介和信息媒介的资源利用限度和能力才是当代大学生媒介素养提升的关键。当代大学生应当摆脱对信息媒介简单狭隘的思维定义，要注意到信息媒介只是认识世界的工具而非目的，不可陷入“信息异化”的怪圈，学生需要认识到向传统媒介寻求更丰富的资源和知识建构能力往往是更高层面的“复归”。教育分技能、知识和智慧三个层次。高校大学生媒介素养培育机制往往停留在技能和知识层面，如何“技进于道”，让大学生主动利用各类媒介资源完善自身、发展自我，将大学生媒介素养能力从技能知识层面提升到智慧层面是高校德育的难点和突破点。

三、图书馆与德育工作队伍的协同育人机制保障

简而言之，就是“图书馆 + 德育”的文化育人机制组合。作为重要的第二课堂，艺术类高校文化育人工作必然离不开图书馆，而艺术类高校大学生特别是专业实践性较强的大学生往往较少地

---

① 陈维.大学生媒介素养及其在信息共享空间中的建构[J].浙江传媒学院学报，2012(2)：102.

“光顾”图书馆，如何吸引学生、完善与高校教学和德育工作队伍的协同建设或许更是艺术类高校图书馆思考的问题，而这其中又与学生党建联动有着千丝万缕的联系。图书馆与德育工作队伍应当建立互帮、互学、互助的有效机制，共享有利资源，增进交流，主要可以通过以下路径：

1. 以支部共建促进文化育人，体现教辅职能

图书馆党支部与学生党总支(团总支)开展一系列支部共建活动，促进文化育人工作的深入开展。如图书馆通过开展读书沙龙等活动，充分发挥学生党员的积极性和优势，和图书馆一同开展文献推广、书香校园等读书节活动，参与读书交流、文化讲座等活动，让更多的艺术类大学生“复归”到图书馆，提升自身的文化素养。

2. 扎实推动文化实践育人机制

图书馆和学生工作队伍可以相互整合实践资源，拓展实践平台。艺术类高校图书馆小而精，不少高校往往和校博物馆、校史馆、档案馆实行一体化建设，针对博物馆的育人建设，上海交通大学王琳媛做了较为深入的研究。她认为高校博物馆可以通过陈列展览、图录画册、教育讲座、实践活动等形式不断挖掘藏品的内涵与意义，传承中华优秀传统文化精神内核，持续发挥高校博物馆文化育人的重要功能，以强大的文化感染力与号召力达到陶冶情操、培养道德、引人向上的作用，凸显高校博物馆价值导向功能。[①] 鼓励与引导学生参与图书馆、博物馆的展览讲解员志愿者招募和培训，从事讲解和其他服务工作，共同举办如“馆藏红色文献展”等主题展览，着力体现“知行合一、立德树人”的特点。

---

① 王琳媛.论高校博物馆文化育人的功能及其发挥[J].学校党建与思想教育，2016(14).

3. 设岗定责,发挥图书馆学科馆员文化育人模式

每个高校图书馆基本都有学科馆员,主要针对该高校主要学科进行文献咨询等服务。教育部《高校思想政治工作质量提升工程实施纲要》也强调:“在图书资料服务中,建设文献信息资源体系和服务体系,优化服务空间,注重用户体验,提高馆藏利用率和服务效率,开展信息素质教育,引导师生尊重和保护知识产权,维护信息安全。”①在文化育人方面,艺术类高校图书馆应当加强文艺学、美学等相关学科的文献服务,起到图书馆与专业技术人员队伍科研能力双促进的作用。在文化育人方面,艺术类高校图书馆更应该设立每位馆员的育人职责,根据专业特长确立学科服务育人的任务清单,细化深入开展服务育人举措。明确图书馆的每一位教职工都是文化育人的工作者,都是文化宣传员的基本价值定位。

4. 加强图书馆意识形态阵地建设

图书馆是学校各种思想文化的汇聚和扩散地,是意识形态工作的重镇,作为高校文化心脏的图书馆,文化意识形态建设是党建工作不可忽视的一部分,要强化图书馆的阵地意识确保意识形态领域安全。

图书馆意识形态建设主要分为二个方面,一是图书馆本身资源建设的意识形态监管与防范,在进口境外文献时特别要注意文献内容的价值观导向,特别是对视听文献的多重审查,图书文献的采购更是意识形态监控的重点。二是图书馆参与各类思想文化阵地的建设管理,图书馆在阅读推广活动中对学生有潜在的意识形态影响。艺术类高校图书馆往往具备多重文化功能,如上海戏剧学院图书馆和博物馆实施一体化建设,展览展示与公共空间的文

---

① 教党〔2017〕62 号《高校思想政治工作质量提升工程实施纲要》.

化建设是日常工作。因此，艺术类高校图书馆意识形态建设要在公共空间的文化建设上下功夫，比如红色戏剧、红色影视、马克思主义形象化的宣传，从实体阵地的建设进一步深入到思想阵地的建设。

四、开发富有特色的文化育人平台

在学生的成长过程中，图书馆通过出借所拥有的丰富的馆藏，将精神世界的文化价值取向与道德观念渗透到学生脑海之中，实现深层次的文化引领。作为学校日常课程教育的补充，艺术类高校图书馆通过各种非课堂教学方式引导学生的思想价值倾向，从而进一步地体现在学生日后的文艺创作中，这是学校其他教育不可代替的。总之，图书馆开展的各种文献信息服务活动均和育人工作有密切的联系，都渗透着文化育人的内容，都产生着文化育人的效应。这种无形教育比有形教育更容易接受，从一定意义上讲比有形教育更为有效，也是一种特殊的隐性德育。

1. 引导学生求知氛围，推广阅读育人

高校图书馆拥有较为丰富的馆藏资源为师生服务，图书馆应充分利用其丰富的馆藏资源和更注重细节的服务去推广阅读。艺术类高校大学生因专业性和特殊性而导致对图书馆的需求多样化。通过调研了解艺术类大学阅读现状以提高阅读推广工作的针对性，旨在评估阅读推广工作成效以实现读者期望与推广创新的最佳契合，以阅读推广工作为切入点推动图书馆工作可持续发展，并对图书馆资源建设进行绩效管理与绩效评估，完善与优化文献资源建设、文化建设和服务建设，实现图书馆“阅读育人”的使命职责。

2. 开阔学生的文化视野

高校图书馆都有自己的镇馆之宝和珍贵的文献资料。作为校园文化活动中心的图书馆定期举办珍贵资料展或联系校外单位展出珍贵藏品，对拓展大学生的文化视野有很大作用。不少艺术类高校大学生的知识结构较为单一，局限在其专业，这不利于培养更为全面的文艺人才。高校图书馆的文化育人侧重点应当与学校日常教学有所错位，使学生的视野更为开阔，避免学生蔽于用而不知文”。

3. 服务前移，图书馆服务改革的主动延伸

信息社会的来临为图书馆带来了巨大的变化，改变了传统图书馆的信息处理和读者服务方式。在目前的形势下，图书馆的文化育人工作在服务改革方面必须主动出击，采取“走出去”的战略模式，发掘师生新的阅读空间，把服务延伸到学生生活区和教师办公区，采取寝室楼、办公楼自动借还机等模式，提高师生借阅的主动性，开展更多的文化阅读活动。

4. 第二课堂模式探索

1975 年，在里昂大会上，国际图联（IFLA）就将图书馆的功能归纳为 4 项：保存人类文化遗产、开展社会教育、传递科技情报、开发智力资源。高校图书馆优美的环境及其设施与开放的馆藏文献信息资源是大学生的第二课堂，是隐性美育的核心场所。置身于安静、整洁、优美、舒适的图书馆中，在尽情感受知识之美、艺术之美、人文之美的同时，思想情操就会潜移默化地得到净化。艺术类高校图书馆开展美育第二课堂的实践方式有许多，诸如展览志愿者、阅读推广等。

五、从“以文化人”到“以人化文”

新媒体时代的到来为高校图书馆文化育人方面提供了新的机遇和挑战。图书馆不再是一个单纯的教学辅助部门，更应该是一个兼具教学能力的综合文献中心，发挥更大的德育功能。将艺术类高校图书馆德育机制融入高校大德育、大思政的教育体系之中是未来艺术类高校图书馆育人工作的重点。中共中央办公厅、国务院办公厅印发的《关于实施中华优秀传统文化传承发展工程的意见》指出：要充分发挥图书馆、文化馆、博物馆、群艺馆、美术馆等公共文化机构在传承发展中华优秀传统文化中的作用。艺术类高校德育的一大特点是立足文化，艺术类高校“以文化人”的德育目标是“以人化文”，也即是将中华优秀传统文化及其价值观纳入人心之中，并显现在文化传承创新之中，最终为中国成为文化强国奠定基础。

目前，在上海文化大发展大繁荣的背景下，艺术教育面临着更高层次的挑战。随着上海文化建设的纵深发展，对于高素质的演艺人才、文化人才的需求质量正在不断提高，这对于艺术类院校的教育提出了更高的要求。当代文化建设的高要求促使艺术院校的教育要有突破性的变化，特别是如何加强学生的人文素养和媒介素养、对学生进行深度的思想引领等方面，这都需要艺术类院校的文化育人工作做进一步的突破。艺术类院校培养的是宣传领域的文艺人才，是习近平新时代中国特色社会主义思想在宣传文艺领域的践行者，这就要求高素质文艺人才需要具备较高的政治素养和文化素养，具备较为敏锐的媒介感知。而这都需要艺术类高校图书馆在学生成长过程中进行思想政治教育的介入与文化精神的深度引领，立足德育平台，实现高校以文化人、以文育人的实践机制建设，树立文化自觉性和文化根基性。让文化自信深入到每位艺术类大学生的心中。

习近平总书记指出，做好高校思想政治工作，要因事而化、因时而进、因势而新。艺术类高校有部分学生的个性较为独特，因而其思想政治教育工作也有其特殊性。艺术类高校文化育人工作也应该因势利导，以具体手段为载体，进行文化德育以达到全员育人、全过程育人、全方位育人的目标。

艺术类高校大学生是未来中国文化战线上的生力军，艺术类高校的德育目标之一是将中华优秀传统文化及其价值观浸润于每个学生心中，使其成为日用而不觉的价值观，构成中国人的独特精神世界。高校图书馆的文化育人工作不仅仅是一种静态的教学模式，更是一种实践的动态教学模式。图书馆作为高校文化心脏，在文化育人方面是不可或缺的重要环节。不少艺术类高校图书馆和博物馆（校史馆、档案馆）单位采取协同化、一体化发展战略，这更加使得艺术类高校图书馆具备了德育功能开发和文化育人的潜质和条件。因此，艺术类高校图书馆在构建大学生德育体系的过程中不仅仅停留在艺术书展、环境营造等传统模式，而更应该探索新形势下美育、德育、智育的协同育人机制，达到以美育促德育，以艺术化人心的效果。

基于心理资本干预理论的大学生就业能力培育研究

魏燕玲

一、问题的提出

大学生就业是备受社会关注的一个话题，高校的职业生涯教育越来越受到重视。与此同时，随着大学生群体特点和职业环境的变化，高校就业教育也面临着越来越多的挑战。就业教育不仅仅要关注人职的匹配和适合，而且要重视大学生就业能力当中的生涯适应力。心理资本就是生涯适应力当中很重要的部分。有研究者通过质的分析，把大学生就业能力分为人力资本、社会资本和心理资本等几个方面。近几年心理资本在高校就业教育中的研究越来越受到重视。

心理资本属于积极心理学的范畴，强调个人的力量和积极性。它不同于人力资本和社会资本，人力资本强调的是“你知道什么？即你所受到的教育和知识技能”，社会资本指的是“你认识谁，即你所拥有的社会关系网络（即人脉）”，心理资本关注的是“你是谁，你想成为什么样的人，指知我到可能知我的转变”。它关注的是人的心理状态。心理资本具有可开发性，通过特定的方式进行投资和开发，可以让一个人更加具有职场竞争优势。可以说，心理资本是一个人最具有价值、无法替代和复制的心理资源。我们在关心大学生职业准备时，也要注重心理资本的开发。

二、研究现状分析

心理资本构念的提出，美国学者 Luthans 及其同事做出了重要的贡献，2002 年和 2004 年，他们分别对心理资本的理论渊源、构建维度和实践意义做了深层次的探讨。2007 年，Luthans 等人对心理资本进行了新的界定，认为心理资本是指个人在成长和发展过程中表现出来的一种积极心理状态，是促进个人成长和绩效提升的心理资源，包含四个因素：自我效能感、乐观、希望和韧性。具体来说，自我效能感指的是面对充满挑战性的工作时，有信心并能付出必要的努力来获得成功；乐观指的是对目标锲而不舍，为取得成功在必要时能调整目标实现的途径；希望指的是对现在和未来的成功有积极的归因。韧性指的是在面对逆境和问题时，能够持之以恒、快速复原，克服障碍并取得成功。此外，Luthans 还认为未来心理资本还应该包括感恩和宽恕。

Luthans 还将这四个要素设计成了著名的心理资本干预模型，见下图。该模型针对四个培育维度提出了一整套可行性的促进措施，为不同群体和工作领域中的心理资本干预实践提供了方法上的指导。2008 年，Luthans 等人通过网络，运用心理资本微干预模型对在职人员进行了一项心理资本开发的实验研究，结果显示，实验组被试的心理资本水平有了显著的提高，而对照组被试的心理资本水平没有明显变化。这用实证的方法验证了心理资本干预模型的有效性。目前,PCI 干预理论模型已经被国外心理学界和管理学界广泛认可。国内研究者在 Luthans 等人研究结果的基础上也进行了探索,在企业内部使用 PCI 模型对员工绩效的影响进行了充分的实证研究,近几年的成果包括隋杨等人(2012)的《变革型领导对员工绩效和满意度的影响:心理资本的中介作用及程序公平的调节作用》;吴伟炯等人(2012)的《本土心理资本与职业幸福感的关系》;任皓等人(2013)的《工作团队领导心理资本对成员组织公民行为的影响机制:多层次模型》;周文霞等人(2015)的《人力资本、社会资本和心理资本影响中国员工职业成功的元分析》;陆春华、张春燕(2017)的《企业员工心理资本提升策略探析》等等。

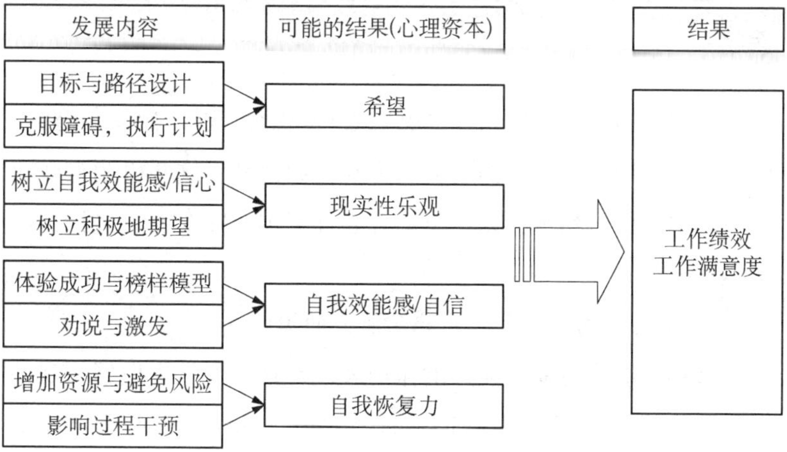

图表 1　心理资本干预模型

在教育领域,针对大学生的职业生涯规划和就业能力的提升,关于心理资本干预取得的研究成果主要集中在针对贫困生、创业教育、就业能力、心理健康教育等方面。比如王尧骏(2012)的《基于心理资本干预理论的大学生职业生涯规划教育路经研究》,李燕燕(2016)的《心理资本理论与大学生就业心理素质的提升》，孙亚菲(2017)的《心理资本视域下的高校创新创业教育研究》，石艳华、王仕龙(2017)的《贫困大学生的积极心理资本状况及提升策略》，朱莹等人(2016)的《贫困大学生心理健康与积极心理资本、领悟社会支持的关系》，权方英(2017)的《大学生就业心理资本的缺失与重建》，高艳等人(2017)的《基于职业认同和心理资本的大学生就业能力提升实证研究》，可以看出，目前国内对大学生心理资本的研究处于从理论探讨到实证研究的转变阶段，尤其是在心理资本干预模型的基础上做一系列团体辅导干预的实验设计。

三、心理资本对大学生就业能力的作用机制与干预途径

心理资本诸要素“自我效能感、希望、乐观、韧性、感恩与宽恕”到底如何作用于大学生的就业能力呢？如何针对这些机制有效对心理资本进行干预呢？以下将结合心理资本的四个要素进行详细阐述。

1. 自我效能感对大学生就业能力的影响

自我效能感对就业能力的作用表现在帮助大学生做好客观的自我评估，明确社会价值取向。自我效能信念是美国心理学家班杜拉提出来的。他也提出了著名的社会学习理论。指的是相信自己具有组织和执行行动达到特定成就的能力的信念。[①] 班杜拉认为，在人的动因机制中，自我效能感处于核心的地位。一个人只有相信自己通过行动可以产生所期待的效果，才会具备行为的动机。

---

① [美]班杜拉. 自我效能：控制的实施[M]。上海：华东师范大学出版社，2002.3.

因此,效能感是行动的重要基础。根据班杜拉的研究,自我效能感产生的来源,主要有以下几个方面:(1)拥有以往成功经验或实现绩效。这是最有力的潜在因素。(2)替代经验,即他人的经验或榜样作用。榜样与个体的同质性越高,完成的工作关联性越大,对观察者自我效能的形成影响越大。(3)言语说服。具有一定权威和有能力的人说服个体,使其相信自己具有完成某项工作所需要的能力时,个体的自我效能也会得到加强。(4)生理和心理唤醒,生理和心理上被唤醒的积极状态能够帮助个体形成更好的自我效能感。

自我效能对大学生就业能力的作用机制表现在:

(1) 认知过程。自我效能会影响大学生对自身能力的认识,从而对未来就业目标的设置产生影响。

(2) 动机过程。效能感在就业动机的调节中起着重要作用。大学生会根据对自身的评估和结果的预期,从而调节自己就业的动机和努力水平。

(3) 情感过程。自我效能通过成功或失败的经验产生积极还是消极的情感体验,这种情绪唤醒会促进或减少相应的就业行为。

(4) 选择过程。自我效能通过影响大学生对就业环境和行为的选择,来影响自己的生活道路。

大学生正是通过自我效能感来影响“选择行为”、“动机性努力”、“促进性思维”和“对压力的耐受力”,从而影响自身的职业胜任能力。

2. 希望与大学生就业能力的影响

Luthans 认为希望是通过目标导向的测定和实现目标的计划两个因素相互作用而形成的积极机动状态。高希望水平的个体对成长和成就有着强烈的需求,他们会寻找满足成就需要的职业,产生相应的求职动机。确定求职目标之后，他们也会通过积极主动的态度和有效的行动来达到预定的目标，必要时也会调整方法和路径。

希望对大学生就业能力的作用机制表现在：

（1）就业目标的设置。目标的确立与管理是影响大学生就业状态的重要因素。大学生结合自身兴趣和能力，设定一个具体、现实而又有一定挑战性的工作。如果目标过高，可能导致失败，从而打击大学生的求职心理。如果目标过低，就会影响个体对自身能力做出错误的认识。

（2）合理计划的制定。目标设定之后，应该根据已有的条件，将复杂的、困难的长期目标分解为可控的小目标，并制定相应的实现路径，思考在过程中可能遇到的障碍，制定可能的调整策略。通过一步步目标的实现，可以让大学生体验自己的进步和成长，从而增强朝目标前进的动力，规划美好的就业愿景。

3. 乐观对大学生就业能力的影响

心理资本理论强调的乐观不是盲目的乐观，而是一种现实的、灵活的乐观。指的是个体根据对现实的客观正确的评价，做出合理的归因。它指导个体什么可以做，什么不可以做。乐观是一种归因风格。美国心理学家韦纳把人们对行为成败的归因归纳为以下四个方面：能力、努力、任务难度和运气。其中，能力与努力属于内部因素，任务难度和运气属于外部因素。当个体把成功更多归结为内部因素时，他们会对未来的成功抱有更高的期望，设置更高的绩效目标，从而形成“内控型”思维特质。也就是说，如果大学生具有“内部归因”的归因模式，他们的职业生涯发展会更加顺畅。除此之外，韦纳还提出了“稳定性”归因模式，也就是当事人认为影响其成败的因素是否稳定。四个因素中，能力与任务难度属于稳定的因素。如果大学生就业过程中，把失败看成是能力低、任务难等稳定性因素导致，就会降低后续的信心和努力的动力。如果把失败归结为不够努力或者运气不好等不稳定因素，那么就会保持或增强获得职业发展的希望和信心，保持一颗乐观的心态，坚持不懈努力。朱新枰(2009)认为，乐观的人能觉察到工作场所的各种机会，把职业变化作为一种挑战，持续地追求期望的结果和目标，由此提高了职场竞争力。[①]

乐观对大学生就业能力的影响主要通过他们的归因风格起作用。如果大学生能够形成积极的归因风格，也就是内控型和稳定性的归因模式，那么他们的职业生涯发展就会更加顺畅，从而形成良性发展。

4. 韧性对大学生就业能力的影响

韧性对大学生就业能力的影响主要表现为当面临求职失败、工作倦怠或者发展瓶颈时，他们能否依靠自身的心理韧性克服障碍，迅速复原，从而实现突破和发展。心理韧性(resilience)是个体具备以下三种能力：克服逆境、化解危机的能力；耐受压力、良好适应的能力；从创伤中复原的能力。相对应的，心理韧性具有三种反应机制：(1)免疫机制。个体过去成功的学习经验，能帮助个体有效化解危机。(2)补偿机制。个体的人格特质或者环境资源能够协助个体应对危机，避免相应的不利影响。(3)挑战机制。正面危机带来的挑战，强化个体的积极心理品质。解决问题的能力也得到相应提升。

韧性是大学生职业成长的力量源泉。作为人类有机体的一种

---

① 朱新秤.就业能力：内涵、结构及其培养[J].广东社会科学，2009(04)：164—168.

自我调节机制，心理韧性反映了人的生存和适应能力。大学生如果具有顽强的心理韧性，他们就能够在面对职业挑战和困境时，战胜困难，追求自我实现。张红芳等人（2009）对心理资本的维度和作用机制的研究发现，韧性强的员工不仅具有持续学习的理念，而且能够根据组织的变革来进行自我改变，并相应地更新自己的技能和能力，为组织的成功和个人的职业发展承担责任。[①]

因此，通过对大学生的心理韧性干预，加强大学生对困难的耐受能力，把困难当成成长的历练，帮助他们减少对危机的恐惧，以积极的心态迎接挑战。我们可以通过三种策略管理困难因素[②]：（1）危险中心策略，减少可能增加不良反应的刺激，降低心理受冲击程度；（2）资源中心策略，强调能带来积极效果和促进困难解决的资源，增加克服困难的信心；（3）过程中心策略，统筹各种有利因素，有效应对危机，达到突破和发展。

总之，心理资本能够直接影响大学生的就业能力，通过积极的心理资本干预，可以强化大学生的自我效能感、乐观归因风格、希望品质和韧性强度。在高效开展心理资本干预活动，提升大学生的心理资本水平，必将能够为提升大学生的就业能力发挥重要的作用。

参考文献：

[1] [美]班杜拉. 自我效能：控制的实施[M]。上海：华东师范大学出版社，

① 张红芳，吴威，杨畅宇. 论心理资本的维度与作用机制[J]. 西北大学学报（哲学社会科学版），2009，39(06)：52—56.

② 孙敬娜. 心理资本干预对大学生创业能力的作用机制研究[J]. 职教通讯，2014(20)：70—72+77.

2002.3.
[2] [美]Luthans F., Youssej C.M., Avolio B.J.心理资本：打造人的竞争优势[Z],李超平,译.北京：中国轻工业出版社,2008.1—2.
[3] 马亚静.基于就业能力的大学生心理资本开发[J].现代教育管理,2014(02)：99—103.
[4] 张红芳,吴威,杨畅宇.论心理资本的维度与作用机制[J].西北大学学报(哲学社会科学版),2009,39(06)：52—56.
[5] 王尧骏.心理资本对大学生就业能力的影响[J].应用心理学,2013,19(01)：65—71+79.
[6] 孙敬娜.心理资本干预对大学生创业能力的作用机制研究[J].职教通讯,2014(20)：70—72+77.
[7] 朱新秤.就业能力：内涵、结构及其培养[J].广东社会科学,2009(04)：164—168.
[8] 王鉴忠,宋君卿.心理资本对大学生职业生涯发展的作用机理[J].辽宁大学学报(哲学社会科学版),2011,39(02)：116—121.

如何发挥廉政预警机制在博士研究生“申请—考核”招生中的作用

温　涛

【摘要】 顺应现阶段国家大力推动博士研究生招生改革要求，为选拔具有高水平的艺术学术创新能力人才，经多方调研及商讨，我院于2017年初试行了博士研究生招生“申请—考核”机制。此机制不仅发挥专家组审核作用，同时强化对艺术创新能力和专业学术潜质的考察。如何在博士研究生招生“申请—考核”制中体现出公平、公正并选拔出有艺术学术创新能力的人才来还需要做进一步的科学规范。廉政预警机制与博士研究生招生“申请—考核”制的有机融合将能使我院在公平、公正的招考原则下选拔出高水平的人才来。

【关键词】 廉政风险　预警防控　博士“申请—考核”

一、建设完善的博士研究生“申请—考核”制是当务之急

大力推动博士研究生招生改革，是我国高等教育的一个重

要改革完善环节。为此，教育部提出“需要建立与培养目标相适应、有利于拔尖创新人才和高层次应用型人才脱颖而出的博士生招考制度。”[1] 目前我院及大多数高等院校对博士生选拔招考主要采用 3 门笔试 + 1 门面试的考核方式。其在很长一段时期内对博士生选拔起到了重要作用，但这种方式也逐步显现出一些问题，尤其是学术创新能力的考察很难从传统的考试中体现出来。

博士研究生选拔“申请—考核”机制，发挥专家组审核作用，强化对艺术创新能力和专业学术潜质的考察恰恰解决了传统的考试中不可避免的问题。虽然“申请—考核”制突出了导师的自主选拔权但并不意味着权利不受监督，如何在“申请—考核”制大框架下公平、公正的选拔出有学术创新能力的人才来，需要建立一套完整的制度并与廉政预警机制有机的结合。

十八大以来，我国在反腐工作上实现了新的跨越，高校也已不是传统意义上的“象牙塔”。越来越多的高校在开展廉政风险防控管理，建立廉政预警的长效机制，将廉政风险防控管理与高校的日常管理工作有效结合，是各个高校都在深化的机制。博士研究生招生在整个高校的招生类型中越发强调导师的自主性，但社会上有些人想当然的认为绕过笔试，博士生导师自己就可以点招学生攻读博士研究生。博士生导师自身也有顾虑，怕过多的人情参与影响招生的客观性。所以，国内各大高校都在积极探讨和研究如何在公平、公正的前提下发挥博士生导师的自主性选拔出优秀的有潜质的人才来。廉政预警机制作为一个可以操作的抓手，如何在整个博士研究生招生的各个环节起到监督和预警的作用，也是各个高校在积极探讨的问题。

二、廉政预警机制与博士研究生“申请—考核”制的结合

1. 博士研究生“申请—考核”制的相关阶段和环节。

以招收优秀且有潜质的艺术类博士生为目标并结合上海戏剧学院实际情况，我院制定了相应的博士研究生“申请—考核”制度，主要包含三阶段四环节。[2] 第一阶段是申请阶段，是博士研究生“申请—考核”制的基础阶段。申请阶段包含四个环节，分别是个人申请，资格审查，导师初选，小组确认。个人申请环节是考生自己根据自身的实际情况展示自己在学术方面的潜力与优势。资格审查环节是招办针对考生提供的材料进行初审，确保考生提供资料的真实性。导师初选环节是博士生导师对报考自己专业的学生进行学术上的初级审查是否能达到博导的基础要求。小组确认环节是对最后来参加考核的考生做最终的确定，对考生的材料进行初筛。第二阶段是考核阶段，是博士研究生“申请—考核”制的核心阶段。多元考核环节主要针对不同的研究方向制定不同的选拔标准并最终制定选拔方法。考核形式多样，包含面试与笔试。考核内容多元，如基本素养有善于独立思考、勇于探索实践、具有毅力恒心、具有创新精神和具有合作精神等；学术能力有坚实的专业基础、宽广的专业学术视野、熟练的研究方法、严谨的学术思维和良好的表达能力；学术志趣有浓厚的学术兴趣、坚定的学术意志和好奇心等。第三阶段是录取阶段，是博士研究生“申请—考核”制的最终阶段。录取环节是合理的使用多元考核结果制定科学的录取规则，该阶段尽量使多元考核的结果量化便于考生直观的知道自己的最终结果。

2. 廉政预警机制在高校招生中的主要作用。

国家教育改革纲要中提出“坚持标本兼治、综合治理、惩防并举，注重预防的方针，完善体现教育系统特点的惩治和预防腐败体系。”廉政预警机制在整个高校防腐的建设中都有着十分重要的作用。其中作为高校主要面临廉政风险之一的招生更应在各个环节上与廉政预警机制紧密结合。一般来说廉政预警机制在高校招生中主要作用包含两个方面，一是编制权责清单，防止权力任性。二是，查找廉政风险，提出防控措施。[3]

就博士研究生招生“申请—考核”制而言，我院在三阶段四环节中制定了十分清晰的权责分配。

第一阶段申请阶段，申请阶段首先是我校对外公布考生所提供的申请材料，此材料的确定是根据专家组讨论，并经过校招生领导小组审议通过的。在校招生领导小组的审议会上，首先阐明了专家小组对相关评审材料的认定依据，并邀请纪委监察同志从廉政角度审查是否合规，最终向外发布要考生提供的申请资料。其次是资格审查，研究生招生有指定的专门人员审查报考考生是否符合报考资格，报考材料是否作假，如发现有作假嫌疑的考生及时与监察相关人员沟通汇总，对确实作假的考生取消该考生的报考资格。其次将符合申请资格的考生交于报考导师进行初审，由报考导师初步判断该考生是否达到报考的学术水准，导师将初选的结果汇总给研究生招生办，招办人员组织专家小组对导师的初选结果进行评价，邀请监察的相关人员出席，并最终确定来参加考核的考生。为了使整个过程可回溯，在专家小组确认环节全程录音录像。将最后参加考核的考生在我校招生官网公示，在公示期内考生可向招办及纪委监察部门申诉。如遇申诉，招办人员可先将专家组的意见向考生转达，如考生仍有异议招办人员可会同纪委监察部门将前期可回溯的材料重新认定，如无违纪行为将通知考生最终结果。

第二阶段考核阶段，考核阶段也是多元考核环节，考核形式多样包含专业笔试和专业综合面试两个部分。首先，专业笔试的题目由相关导师出题并交研究生部审定，出题导师签署保密协议。其次，专业笔试考试是在标准化考场中进行的，全程录像和配备监考老师并有完整的监考规章制度，考场外配有巡考老师。专业综合面试也在标准化考场中进行，并全程录音录像，且对导师的考核内容有一定的要求。考核从基本素养、学术能力、学术志趣三个维度来考核，并且将最终的结果量化给考生打分。参加综合面试的考官不少于 5 名并有校外考委参加一般 2 至 3 名。综合面试的考分去掉最高分和最低分取平均值。这样既保证考核内容的多样性又保证考核的客观性。

第三阶段录取阶段，录取规则在招生简章及复试通知中都有明确提及。录取的总原则是按考生申请材料成绩 + 笔试成绩 + 综合面试三门科目的总成绩。再根据当年该方向的招生人数按总成绩高低依次录取。录取名单在官网公示，在公示期内考生可向招办及纪委监察部门申诉。如遇申诉，招办人员在纪委监察相关人员的监督下核对成绩，如无误直接向考生转达，如有核对信息错误在纪委监察相关人员监督下更正成绩并向考生说明。如考生仍有异议招办人员可会同纪委监察部门将前期可回溯的材料重新认定，如无违纪行为将通知考生最终结果。

博士研究生招生“申请—考核”制势必是比现在传统的统一招考更能招生到具有学术创新能力的博士生。但博士研究生招生“申请—考核”制提升了导师的自主选拔权也势必带来廉政的风险。但廉政预警机制与博士研究生招生“申请—考核”制的结合能最大化的降低在博士生招生过程中存在的廉政风险。事实上在博士研究生招生“申请—考核”制的各个环节中加入廉政预警机制规范招生流程，博士生导师才能更自由的发挥其在专业上的自主权，考生也没有顾虑更专注于在专业能力上的展示。博士研究生招生“申请—考核”制对我院乃至全国各院校来说都是一个新兴的事物。所以要在今后的工作中进一步总结经验，进一步完善各个细节。在廉政预警机制的监督下真正发挥博士研究生招生“申请—考核”制的优势，招收到真正具有学术创新能的博士研究生。

参考文献：

1. 教研[2013]1号，教育部、国家发展改革委、财政部关于深化研究生教育改革的意见.

2. 白海力，2016，研究生教育综合改革背景下博士生招生制度的设计与实践全国研究生招生研讨会.

3. 斯阳，2016，廉政风险防控与现代大学治理.华东师范大学学报(教育科学版)，2016年第4期.

上戏文化志愿者品牌建设研究

徐 晶

一、研究主旨

上海戏剧学院文化志愿者品牌自1997年创立至今已有21年历史，其间，志愿者活跃在上海、全国甚至国际级的重大活动和演出中，并凭借着专业的艺术修养和甘于奉献的志愿者精神，获得了各方面的肯定及荣誉。但在实际工作中也暴露了品牌化建设不足的突出问题，本课题围绕提炼品牌内涵、完善品牌体系、提升品牌认同感与影响力、拓展品牌平台化运营等问题深入研究，结合贯彻社会主义核心价值观落细、落小、落实的要求，充分发挥实践育人功能，研究培育志愿者精神，建设志愿者品牌，推进道德实践，增强社会责任感等的载体与渠道，争取让我校文化志愿者品牌活动在“大思政”格局中体现生力军作用。

二、研究内容

（一）对象研究

面对经济社会变革发展带来的新形势新挑战，面对大学生日益多样的价值取向和发展选择，面对网生一代的学生群体，要求我们对于志愿者品牌建设进行梳理、完善、强化。

目前学生主体聚集在 95 后，根据调研分析 95 后大学生群体具有以下特点：

1. 差异化感知明显：随着市场经济深入差异分化影响渗入 95 后生活的方方面面，让他们自小就感受到不同人群在资源获取上的明显差异，甚至在学校中也不能摆脱影响，这让他们更早的开始思考“读书”、“就业”和“人生”的价值和意义。

2. 家庭更加开明：95 后的家庭经济情况与上一代相比有比较明显的提升，父母教育水平更高也更加开明，能够看到“成功不止读书一种模式”，允许孩子有更多的兴趣和职业可能性，因此青年学生有空间在选择未来职业和生活方式时，更多地考虑个人兴趣。

3. 移动时代内容爆炸：95 后作为网生一代，受到互联网带来的内容信息爆炸影响，一方面内容刺激的阈值明显提高，也更早的形成了明确的个人内容选择、评价和消费体系；另一方面他们的阅读和表达习惯都更加短平快，条漫、短视频、表情包等高浓缩的表达形式，成为年轻人的潮流。

4. 更加国际化：近年来，国内文化市场逐步开放，日本 ACG 文化、韩国演艺文化、欧美影视等国际化内容明显增多，熟练掌握互联网工具的 95 后，也有更多机会与国外同行交流，因此在获得信息、内容选择和审美偏好上更加国际化，也因此形成了多元的价值观，进而开始逐渐建立国民身份的认知和思考。

所以，对于 95 后大学生而言，志愿者工作对于他们而言更关注资源与经历的结合、兴趣与认同的结合、社交与分享的结合、线上与线下的结合、民族与国际的结合。

（二）现状研究

1. 对于国内，在中央精神的指引和2008年奥运会的推动下，我国志愿者服务事业迅猛发展，全社会对志愿服务的认知程度也大大提高，大学生作为有知识有理想的年轻一代，已经成为当前中国志愿服务的主力军。如今针对社区、贫困地区、保护地区等开展的活动项目成为学生志愿服务的主要内容，社会影响也在不断扩张，学校对大学生志愿服务的支持力度也在不断增强，各高校积极指导成立青年志愿者协会等高校社团，并设有专门的管理和指导部门。社会对大学生的志愿服务的认同度在不断提升，政府是志愿服务资金的主要来源，制定相应法律法规推动其发展；社区则为大学生志愿服务活动提供了最直接和有力的舞台，社会媒体在志愿服务工作中的宣传、联络、沟通作用成为了大学生志愿服务对外宣传志愿文化的最佳渠道。

2. 对于国外，研究者对介于市场与政府之间的社会空间的各种社会组织没有一个统一称谓，甚至提出三个标准来划分志愿组织，第一个标准是会员资格的开放程度和限制程度、第二个是地位授予能力、第三个是志愿组织给会员提供的功能。他们进行规模研究，包括志愿者服务的含义，志愿服务的范围，志愿服务的功能，志愿者的行为方式。

三、研究建议

1. 品牌内涵提炼“文化×”。上戏文化志愿者的品牌成长轨迹与上海经济、社会、文化发展的过程密不可分，国际化都市的机遇和挑战为青年志愿者一展身手提供广阔的舞台和空间。自1997年以来，上戏文化志愿者参与了奥运会、世博会等重大活动。

“文化”成为贯穿始终的品牌内涵，而文化与国家命运、城市发展、个人成长相乘，衍生出更加广阔的青春舞台，不仅仅是简单的叠加，也不仅仅是简单的服务，而是让文化的力量提升整个志愿者服务的内涵与精神。

2. 横纵结合的体系建设。树立上戏文化志愿者品牌的体系建设，横纵结合持续发展。横向树立“重大活动文化志愿者”、“大型主旋律作品文化志愿者”、“社区文化志愿者”、“爱老助残文化志愿者”、“校园文化志愿者”等项目矩阵；纵向是符合育人规律的持续性、稳定频次的长效体系；横纵结合形成文化志愿者品牌的网格化布局，形成品牌稳固、长效、持续的发展力量。

3. 兴趣与认同感结合。基于时代变化与学生特点，个人兴趣成为志愿者服务的基础，基于此提升认同感和影响力。上戏文化志愿者的 21 年发展历史，折射出了时代变化、城市发展、科技变革，也记录着不同年代学生鲜明的时代印记，折射当下学生的精神世界、文化审美、理想信念、社交方式等，基于兴趣，打造学生喜闻乐见、富有特色、渴望参与的项目提升品牌认同感，并将感性认识上升到理性认识最终上升到价值观的认同，实现影响力的提升。

4. 制度建设促进创新思维。搭建文化志愿者第二课堂学分平台。目前在青春上戏服务号上已经可以自主去申请文化志愿者项目、动态管理、实时结项、获得学分。而在此过程中必须梳理平台运营思维，活动纳入统一体系、统一管理，用学分形式将志愿服务制度化，可量化、可评价、可评比，因此要有聚合大量优质、针对性强、特色鲜明的文化志愿者项目供学生自主申领的能力；在整个志愿服务过程中，要有规则规范、跟踪体系、志愿者个人权益保障、经费支持等一系列配套支撑体系，只有这一体系的建立和运营才能充分发挥学分平台的功能；充分发挥在新媒体平台发动学生积极投身于志愿者行动的网络号召力，塑造榜样力量，打造上戏文化志愿者的品牌大 V，满足青年学生互联网社交媒体的可互动、可社交、可分享的生活方式和内心诉求。

艺术院校大学生法制意识培养路径探索

徐　霞

“推动全社会树立法治意识”，这是党的十八届四中全会提出的建设社会主义法治国家的重大决策。没有法治意识，就没有法治国家。加强艺术院校大学生的法制意识培养，不仅是依法治国的需要，更是关系到学生自身权益、未来发展以及整个艺术领域法治水平的问题。

一、加强艺术院校大学生法制意识培养的意义

首先，加强艺术院校大学生法制意识培养是建设社会主义法治国家的需要。当前，我国正在建设法治社会，“依法治国”成为重要的治国方略。要使法律发生作用，首先全社会要信仰法律。目前我国已经形成了中国特色社会主义法律体系，但有法不依、执法不严、违法不究现象仍然比较严重，部分社会成员尊法信法守法用法意识不强。如果长期下去，必然使得社会大多数人对法律没有信任感，认为靠法律解决不了问题，那就不可能建成法治社会。因此，一定要使全社会公民树立法治意识，能够发自内心地对宪法和法律信仰与崇敬，把法律规定内化为行为准则，积极主动地遵守宪

法和法律。只有这样,才能为全面推进依法治国,才能真正做到知法懂法尊法守法用法。大学生是国家未来的主力军,他们对法律的认知程度以及信仰程度,直接关系到“依法治国”能否全面推进,以及未来能否真正实现。

其次,加强艺术院校大学生法制意识培养是关系到大学生本人以及未来艺术领域健康的需要。

相比于普通院校的大学生,艺术院校的学生有自己的特点。首先,他们从小接触艺术,情感比较丰富、敏感,更容易冲动。其次,艺术院校的考试分为专业课和文化课,其中文化课分数要求比较低,因此,造成有些专业的学生文化水平较低,学生修养不够。最后,艺术院校的学生参与社会活动比较多。一方面,学习艺术需要较高的花费,比如购买乐器等花费较高,因此,艺术院校的学生在外兼职的很多;另一方面,艺术院校的很多专业实践性比较强,比如表演专业,学生在外面参与演出的机会很多。因此,艺术院校的学生与社会接触的机会较多,更容易受到社会上不良风气影响。

从目前看,加强艺术院校大学生法制意识培养,是他们立足社会、维护自己合法权益的基本条件。大学生作为社会中的一员,无时无刻不与他人、与社会发生着关系。而当今社会是法治社会,大学生只有了解自己的权利和义务,了解国家的法律法规,才能更好地维护自己的权益,同时也不侵犯他人的权益,不违反国家的法律法规。如果法制意识淡漠,不仅无法保护自己的权益,严重的话还可能走上违法犯罪的道路。近几年,艺术院校发生的严重刑事案件,如“药家鑫案件”、中国传媒大学女生被同学杀害案等,追根到底,都与法制意识淡漠有关,不仅对法律无知,而且对法律无视。从长远看,艺术院校的大学生是未来社会艺术人才的主力军,他们在校的法制意识培养将关系到我国未来艺术领域和艺术人才的法治水平。艺术的良性发展需要懂得法律的艺术人才来保驾护航。

二、艺术院校大学生法制意识培养存在的问题以及原因分析

目前，在艺术院校普遍开设了《思想道德修养与法律基础》，这是大学生法制意识培养的主要途径，但是从实际情况看，艺术院校大学生法制意识培养中还是存在着不少问题。

首先，《思想道德修养与法律基础》这门课只有两个学分，学生四年只有一个学期每周上两节课，相比于学生需要的法律知识，这点时间是远远不够的，更何况这本教材中涉及到法律的内容也只占到整本书内容的三分之一。从学习的量上看，是远远不够的。而且，法律是门与时俱进的艺术，法律理论以及法律是在日新月异地变化中，而教材的内容由于时间问题，往往无法跟上现实中法律的发展。而且在上课过程中，为了在有限的时间完成上课任务，教师往往以讲授为主，学生能够进行实践的机会有限，难以引起学生真正的学习兴趣，真正碰到问题学生也没有办法解决。

其次，艺术院校大学生法制意识培养方式相对单一。除去《思想道德修养与法律基础》，个别院系会设置专门的法律课程，如我校艺术管理专业开设知识产权以及艺术法律和法规的课程。但是绝大多数院系不再开设法律课程，也很少开展与法律相关的活动。因此，学生只能通过《思想道德修养与法律基础》这一门课程来学习法律。法制意识的培养不是单靠一门课程就能够做好的工作，这是一个长期工程，需要通过多种方式来进行。法律还是一门实践性非常强的课程，不仅需要通过课程，还需要通过多种实践性的方式来强化学生的法律意识。

再次，艺术院校的学生热爱自己的专业课但是对于文化基础课程不够重视。对于专业课，学生是把它当成将来走上社会赖以谋生的手段，因此，他们很重视专业课，花费大量的时间学习和练习。而对于文化基础课程，如《思想道德修养与法律基础》课，认为与自己未来关系不大，来上课只是为了考试，所以只要考试能过就可以，因此学生上课的出勤率不高，甚至有的学生占用文化基础课程的时间来参加专业课的排练。这在笔者上课的过程中经常出现。

三、加强艺术院校大学生法制意识培养的路径和对策

（一）艺术院校需要完善法律教育体系。

首先，改革法律教育的课程设置。除去学校必修课《思想道德修养与法律基础》，还应该在学校以及院系的层面开设适合学生的法律课程。在学校层面，可以通过选修课或者通识课的形式开设更多的课程，比如与艺术有密切关系的《著作权法》、《艺术法律与法规》等，使学生能够接触到更多跟自己学习的专业以及未来工作有联系的法律，这样也会增加学生对法律课程的热情。在学校层面，还可以通过组织法律宣传、法律咨询以及辩论的方式来宣传法律，增加学生接触法律、了解法律以及思考法律的机会。法律宣传是非常好的途径。可以在每年比较特殊的日子，比如 315 消费者权益保护日、12 月 4 日国家宪法日等举行法律宣传活动。通过这样一些方式让学生在课堂之外的日常生活中，也能经常听到法律、看到法律，知法用法，潜移默化中提升自己的法律意识。在院系层面，可以结合本院系的特点，开设相关课程，比如表演系，可以开设《合同法》等课程，帮助学生在外兼职的时候更好地保护自己。比

如设计专业，可以开设《专利法》、《商标法》以及《不正当竞争法》，使学生懂得如何更好地保护自己的创意。其次，增加《思想道德修养与法律基础》的社会实践时间，改革上课方式。在正常的课程讲授知识之外，应该增加社会实践的时间，给学生机会和平台把课堂学得的法律理论应用到实际中。相比普通院校，艺术院校本身具有一定的优势，学生中学习各个艺术行业的都有，可以通过将法律与专业结合的方式来引导学生实践。比如通过排一部戏的方式来实践。学生在写剧本、导演、编排以及演出的过程中自然而然地就将法律知识深入脑海，内化到自己的日常行为中，非常好地达到了培养法律意识的目的。而观众在观看戏剧的过程中，很容易被情节感染，在共鸣中达到课堂上没有办法达到的效果。此前我校做过尝试，但是后来因为各种原因没有形成传统，非常可惜。

（二）重点培养艺术院校学生的法律意识。

艺术院校应该重视在学校的日常管理中贯彻“依法治校”。学校首先应该以身作则，做到制度化管理，尊重学生的知情权、参与权、表达权和监督权。比如完善校务公开制度、学代会制度等，让学生在参与学校管理的过程中树立法治理念。再比如学校在处理与学生密切相关的学生考核、评奖评优、贫困资助以及学生处罚等问题时，也应该遵循一定的规则制度，并且重视学生的参与。这种“依法治校”使学生能够时时感受到法治的力量，法律意识慢慢会建立起来的。

（三）加强对大学生心理健康方面的教育。

大学生正处在年少气盛的时期，控制能力较差，容易冲动，艺术院校的大学生尤甚。在这几年发生的刑事案件中，施暴的大学生一方面不懂法，不畏法，另一方面还是自控能力较差，心理健康存在着巨大的问题。因此，对于加强艺术院校大学生法制意识培养，法律路径很重要，心理建设同样重要。试想，如果中国传媒大学的那位学生的异常情况被发现，并被实施积极的干预，或许就不会发生那样的惨剧了。因此，法制意识的培养离不开心理建设。艺术院校应该通过讲座、心理辅导等方式来促进大学生心理的健康发展。

艺术院校专业教师与思政课教师协同机制研究
——以戏文系“美学沙龙”学习活动为例

姚　琨

哲学和艺术本来就是不可分割的，一部哲学的发展史同样是艺术所经历的历史，艺术专业的学生想要有好的艺术造诣，缺少不了哲学、美学知识的积累，学生在艺术院校专业化学习的过程中通常会遇到类似这样的问题：经典剧作中折射出的哲学思想和美学命题在哪儿？如何简单易懂的走入哲学和美学？如何疏通哲学语言和艺术语言？等等，他们迫切需要高等教育机构能够整合资源，提供可以回答他们问题的平台；而思政老师往往都是哲学专业的行家，他们除了完成本专业的教学及科研研究外，更需要较好的融入艺术专业学习，也渴求将自己的价值最大化实现，那么如何将思政老师的专业特长融入到艺术专业的学习中来？这是现代艺术教育实践中面临的亟待解决的现实问题！但是当前在国内大多数院校教学的实践中，缺少艺术院校专业教师与思政课教师协同教学的实践，还没有人进行成熟教学模式的探索，更不要谈相关理论的研究了。那么任何一种探索和尝试就显得尤为重要了，毕竟实践出真知，于是我首先行动起来付诸于实践。本人是戏文系美学沙龙活动的主要组织者，联合了本校公教部思政老师一起组织了本学期的美学沙龙活动，本文主要针对美学沙龙活动中已取得的经验和暴露的不足展开研究，以期为艺术院校深入的教学改革提供有益的参考。

笔者从戏文系开展的美学沙龙活动出发，针对艺术院校专业教师与思政课教师的协同机制展开研究，研究目标是将实践活动中取得的经验和暴露的问题整理成文并提出切实的建议。本来怀着雄心壮志，满以为可以顺利召集到对美学有广泛兴趣的同学加入，然而在尝试探索建立艺术院校专业教师与思政课教师协同教学的机制伊始，该活动就遇到了前所未有的困难：特别是思政老师被广大学生已经定型化的今天，如何使学生再次对哲学、美学产生强烈的求知欲，这不仅仅是一个理论问题，更是一个亟待解决的实际问题！在建组伊始，同学们纷纷投来质疑的眼光：谁会来教我们？是死板的政治老师吗？他怎么教呢？他能跟我们交流吗？教的不好是否可以退出？这些问题首要的就是指向跨学科老师的择选，那么到底应该怎样选择这次活动的老师呢？当然不能忽视老师的意见，毕竟这是一个双向选择的过程，必须充分征求双方的意见，才能够组成一个致力于共同目标的组织。在老师的选择中，我把目光投向了那些青年教师，这些教师往往毕业于名校，刚刚踏上工作岗位不久，对于教学充满着热情和开拓革新的精神，最容易激发他们的创造力，再有就是他们往往在专业上有新的独到的见解，不满足于仅仅在艺术类院校公共课、思政课的教育，迫切想融入艺术的专业化教学之中，他们也在等待这样的机会与机遇；再者，初次尝试这样的活动，当然也要询问同学们的意见，要把学生心目中认为有亲合力、有共同语言、易交流好沟通的老师列举出来，一一观察沟通，结果在我身边便有这样的教师，苦于专业技能的无法施展，我的提议一出，很快得到了他们的响应！

首先要明确活动的目的与意义，如果忽视这个问题，活动的意义和价值可能会变味，更不能够将真正的参与者遴选出来，那么也就违背了此次活动的初衷。当然这个问题也要从两方面来考虑：从学生自身来说，每个人在美学、哲学学习的过程都会多多少少遇到困难，美学水平参差不齐，对于专业的要求也可能不一样，明确学习的目的对于学生来说无疑是成长的动力，所以让学生尽可能明确哲学、美学与戏剧艺术之间的关系就显得尤为重要，哲学、美学与艺术密不可分，它是艺术家成长道路上很重要的组成部分，可以提升人的眼界、形成系统的理论体系，为学生的成长和创作提供可行的理论保障和理论支撑！那么要想充分调动跨专业老师的教学积极性，不明确活动的目标和意义也是不行的，老师当然是哲学、美学行业里的佼佼者，但如果要与艺术教学相协调，也必须具备一定的戏剧艺术的知识和常识，那么这种活动无疑也是最好的平台，老师在讲授知识的过程中，可以很好地与学生沟通、交流，不仅可以实现自己价值的最大化，让自己的所学学以致用，而且还可以接触戏剧，让自己的知识储备更加完善！

对于本次活动硬件的选择和构置也是一个令人头痛的问题，因为美学沙龙不是学校写入计划的正规教学项目，它明显带有课下活动的性质和特点，如何能保证美学沙龙按照计划如期、高质量的实现，这需要多方面的保障和支持！首先就是场地的选定和获得，安静、宽松是首要的要求，美学沙龙不同于教室上课，宽松的教学环境才能激发大家的思考和才情，安静才能保障交流沟通的通畅进行！校园中这样的地方并不多，校内校外都是考虑的范围。保障沙龙活动的如期进行，统一各方的时间是很重要的，这也就限定了参加活动学生的范围，初期报名同学很多，涉及各个年级，各自的时间并不统一，只能兼顾绝大部分的同学，导致时间差异的同学退出，那么如果选择特定班级的同学统一好时间就不会出现这样的问题，能够基本保证活动的如期进行了。其实在上面两个问题的解决过程中，这里面隐含着一个问题，本次活动的人数受到限定，时间的统一、交流的场地和质量决定了能够参加本次活动的人数不可能太多，经过实践得出，12 人的活动规模，既可以保证沙龙活动的人数规模，又可以保证老师一对一的交流和沟通，保证活动的质量！当然，目前正在探索分组活动的模式——将有意参加活动的同学按班级分组，根据各班情况和上课时间指定活动场地和时间，这样就既可以将有意参加美学沙龙的同学吸纳进来，扩大活动规模，为跨学科专业协调教学的研究提供强大的学生基数和实践保证，又可以充分保障活动进行的质量！

对于本次“活动模式”的探索一直在进行中，因为模式的制定关涉到最后沙龙活动的质量和相关课题的理论研究，这是一个复杂而长期的探索过程，因为影响这个问题的相关因素复杂而艰难。保持学生对本活动的始终关注是一个复杂的心理问题，既要研究学生日常学习中的“学习心理状况”又要研究这个年龄阶段学生的“成长心理状况”，与之密切联系的就是随后根据学生特定心理所制定的本次活动的模式。学生的男女比例、年龄差异、兴趣性格等等统统要加以研究，好不容易根据以上的因素制定出相关的活动模式，但随后的情况又不断变化，出现新的情况，让人猝不及防，但为了更好的学习效果和学习效率，活动的模式也必需相应的作出改变和调整！在这里，笔者要提出的是，活动的模式并没有一定之规，只要能够符合学生学习心理和成长心理需要的，只要能保持学生对美学沙龙兴趣的模式都可以大胆探索和运用，并可以根据情况的变化随时作出调整和及时应对。这里，我不妨将已经实践过的模式做一下介绍，我所倡导的美学沙龙活动一直以茶话会的形式举办，茶叙与理论讲解贯穿其中，在这样的模式中，学生必须提前预习规定的资料，针对所学课程做好必要的课前准备，然后在欢乐的气氛中提出自己的疑问，在与相关老师的交流中实现答疑解惑、不断成长。我之所以拿出自己的实践举例，目的并不是设立样本，不然这全然违背了笔者研究的本意，因为这本来就是一个不断探索、变化和调整的过程，这样做的目的仅仅是给大家提供一个参考而已。

同样学习效率也是不可避免的话题，虽然美学沙龙不同于日常的教学，具有灵活的特性，但如果不能制定有约束力的规划，那么这种活动的效率和效益将大打折扣。比如说在实践过程中，老师布置提前预习的科目，很多同学认为这不是正规的计划内课程，所以并不放在心上，并没有很好的完成课程的预习工作，如果老师提问，会以各种理由搪塞甚至旷课的情况，由于美学沙龙并不涉及学生的学分评定，因此老师便对这些学生失去约束力，采取强硬的手段是不能够起到任何的作用，必须因势利导，通过各种手段和方式保持课程的顺利进行！为此，在活动伊始，我们就制定了可行的学习方案和退出机制——每次活动结束的时候布置下一次课需要温习或预习的功课，这些功课可以在两小时内轻松完成，避免加重学生的学习负担，这样学生便没了后顾之忧，不会因为课业太重而产生对本活动的心理负担；当然，这里会有一个问题，课业轻了，如果学生仍旧不以为意，那么效果必然适得其反，因此，我们在活动中制定了相应的退出机制，就是每次活动开始都要有对预习科目针对性的检查，如果有同学出现 3 次及以上的未通过检查，便会提醒并要求退出沙龙活动，然后从有兴趣者中递补名额，没有规矩就不成方圆，规则的制定是必需的，只有这样，才能保证美学沙龙的学习效率，才能最大限度地保证活动的质量！

学习成果的体现并不容易，因为不可能在短时间内看到立竿见影的效果，而且也缺乏有效的考察机制，不能通过有效的方式检验同学对于美学、哲学知识的掌握程度，或者这种影响在其本专业上所起到的促进作用，但这个环节毕竟是必不可少的！我们在实践的过程中多方考虑，最终在跨学科的协调下，形成了一种可行的考察方法——综合评定法。首先，由思政老师针对所讲课程出题，这一步主要是检验同学对于所学课程基本知识的掌握情况，这里所能反映出的主要是对客观知识的接受能力的鉴定！然而仅仅是记住或者知晓几个概念、几种观点，那么本次活动的举行没有太大的实际意义。如何能够将这些知识真正理解到位，转化为学生们在专业创作上视野的开阔、鉴赏力的提高等，这些才是这次活动开设的最为重要的出发点，所以必然缺少不了艺术专业教师的参与与管理，因为学生们最大部分的时间还是与专业老师待在一起的，他们的专业课作品最能体现美学沙龙活动所学在专业上的转化！所以每隔一月，便将同学们的作业，在专业老师的带领下做一次汇报演出，首先活跃了美学沙龙的气氛，其次，跨专业间老师根据各专业要求所给出的中肯的意见最能客观地评定美学沙龙的所学，当然综合成绩的评定只是为学生平时的学习和实际收益做一个客观地鉴定，最为重要的还是活动中暴露问题、解决问题，从这个层面来说，这种评定方式无疑又提供了一个学习的平台！任何比较、鉴定的初衷都是让同学客观地认识自己，督促学生们的参与度和学习的热情而已！

鉴于学习中面对单一讲解者和学生疲劳期的出现，会让原本应该活泼的美学沙龙变得气氛沉郁，沙龙本应该就是一个广阔的舞台，舞台上本就不应该仅仅是一个教师，它应该有很多位教师，更应该有不同专业的教师，只有这样才能集合众人的智慧和见解，大家在这样一个舞台上才能互通有无，才能开阔大家的视野和境界！对于校外专家的邀请起到了意想不到的效果，在实践中，我们请到了复旦大学一位博士后，她师出名门，对于黑格尔有着深刻的研究和独到的见解，同学们在与其沟通和交流的过程中，仿佛打开了一扇新的大门，主动参与、气氛热烈！至今提及，好多同学都念念不忘，对于哲学的趣味也仿佛被吊足了胃口！这实在是一次难能可贵的邂逅，不仅仅打开了美学沙龙学习的局面，更为我们对美学沙龙学习模式的探索打开了思路！

艺术类院校不同于综合类大学，它所涵盖的专业范围较为集中，视界也较为单一，走进上戏校园，我们可以闻到浓重的戏剧艺术的氛围，时而曼妙的身姿，那是化妆专业的学生在摆弄自己的模特，展示自己设计的新作；时而听到有节奏的琴响，那是音乐剧系的学生在练声；时而看到草坪上翩翩起舞的优美身段，那是舞蹈专业的学生在体型锻炼，可是无论如何，这些专业还是在艺术门类之中的，没有比较就没有进步！随着美学沙龙的开展，同学们对于校外的世界充满了好奇，特别是对其他大学相关专业的学习与概况充满了神秘的求知欲。那么组织校际间同学们的交流与联谊无疑也是美学沙龙的题中应有之意，当然在实践中，这样的活动还没有充分展开，因为一次交流活动涉及的因素很多，有校际间的沟通，也有专业差别的顾虑，更有经费、交通上的考虑等等因素，不过，一切为了沙龙服务的我们都应该努力争取，一切为了学生提高专业能力上的实践我们都应该努力促成！

其实，在整个一个学期美学沙龙的组织与参与中，既有获得的经验，当然不可避免出现一系列的问题，而且有些问题仍旧不能够很好的解决！客观上来说，经费、场地、校际间沟通不是仅仅能够通过一己之力可以解决的，这种活动要想持续、高质量的进行下去，恐怕需要学校各部门的支持和联动！这就对学校的行政部门提出了很高的要求，希望大家共同可以解放思想、开拓创新，为整个高校教育事业所要出现的新局面贡献自己的力量！再者，美学沙龙中最大的困难在于，活动模式的持续不断地探索，思政课老师与专业课老师能否协调一致，探索一条真正符合艺术类院校跨学科专业之间相互协调的新路和有效的模式，可谓任重而道远！

目前国内外针对于本课题的研究比较匮乏，仅仅是针对不同学科之间的跨学科理论研究，而具有真正实践经验的研究是少之又少。所以笔者针对这一现状，从一线教学实践活动出发，立足于本人组织和参加的学习活动，研究不同学科不同专业内在联系的可能性，特别这是在美学沙龙活动实践的基础上，真正面对教学中不同学科教师如何协同一致，既避免不同学科由于自身专业特点差异造成的碰撞，又要探索不同学科间如何互相融合，一致致力于学生素质的提高，希望这一研究对于高校教学中不同部门的教学协调具有借鉴的意义。

上海戏剧学院
毕业生跟踪调研报告

（2006 年—2015 年）

张国丽

目　录

第一部分　概述

一、调研目的

上海戏剧学院是中国培养演艺专门人才的综合性高等艺术院校，由文化部与上海市共建。70多年来，学校为国家培养了一大批优秀艺术工作者和以文化事业为主的各类人才，在各历史阶段不断涌现出一批精品力作，形成了独特的办学理念和校园文化，已成为国家专业艺术院校中的排头兵。学校坚持“出人才、出作品、出思想、出模式”的办学方针，以打造“平台型”大学为依托，办人民满意的高等艺术教育，培养“至善至美”的专业艺术人才，努力建成世界一流的多科性教学、创作、研究型专业艺术院校。在人才培养上严控招生规模，始终坚持“精英”教学理念，注重对学生人格的陶铸，致力于德艺双馨艺术人才的选拔和培养。目前，学院依托一流的师资力量，狠抓学科建设，通过“本、硕、博”一体化人才培养模式，吸引了众多国内外优秀人才求学和交流。同时，随着国际交流的日益广泛，特别是与联合国教科文组织国际剧协总部的紧密合作，学校逐渐成为具有世界影响力的著名专业艺术院校。在上海国际化大都市建设中，学校服务于上海文化艺术的传承与发展，在融入国家“一带一路”

的战略构想中，服务于国家文化软实力的提升，在推广中华优秀文化走向世界的战略布局中，服务于中西方跨文化艺术的交融互通和国家文化“走出去”战略。

就业工作是上海戏剧学院人才培养的重要环节。学校把促进学生成长成才作为一切工作的出发点和落脚点，在信息发送、政策指导、就业服务、创业指导等方面给予毕业生最人性化的指导与服务，使大学生真正成为先进文化的践行者，并为推动城市文化的发展和繁荣、促进世界优秀民族文化的交流和融合创造契机和良机。近年来，艺术类高校毕业生的就业去向及发展现状得到了社会各方面的关注，基于学校的办学方针、教学理念和国际视野等定位，我校对毕业 10 年以内的毕业生进行了跟踪调研，结合“平台型”大学建设，探索毕业生在文化艺术行业的平台建构、发展、合作情况；结合艺术人才培养目标，探索毕业生群体对社会、对行业的贡献度和引领性；结合教育综合改革和十三五规划，探索毕业生职业发展与本科招生、教学培养之间的互动关系；结合文化艺术行业发展，探索毕业生专业技能在日新月异的文化浪潮中的适应性和创新性。

二、调研对象

上海戏剧学院一直严格遵循艺术人才培养规律，秉承“精英”教育理念，严格控制本科招生人数，每年的毕业生人数控制在 450 人左右，毕业 10 年以内的毕业生总人数在 4500 人左右，本次调研的对象就是毕业 10 年内的本科毕业生，覆盖全校 8 个本科教学单位，20 个本科专业、57 个校内专业和方向。

三、调研方法

鉴于毕业生跟踪调研工作是一项非常具有现实指导意义的工作，调研的方法非常重要，这个关系到采集的数据是否真实有效，是否能真实反映毕业生目前的就业状况及就业质量等，为此，我们采取了点、面结合的调研方法。首先是发动历任毕业班班主任、专业老师、辅导员老师、毕业生相关团体组织等，以问卷调研的方式进行全面深入的了解，问卷主要在问卷星网站上采集，回收问卷的全部份数为 1053 份。为了确保信息采集的真实性，在问卷中专门设置了专业名称填写，通过逐条审核，最终回收的有效问卷为 1017 份，约占毕业 10 年以内毕业生总人数的 22.6%。此外，各院系辅导员老师还通过电话联系毕业生、召开毕业生座谈会、个别访谈等形式，深入了解毕业生的就业现状及对学校本科教学、招生、生涯指导等方面的建议和意见。

四、调研内容

调研内容主要分为三个方面：第一个方面，了解毕业 10 年内的毕业生在五种不同的就业状态（有稳定单位的就业、攻读研究生学位、自由职业、自主创业、待就业）目前的真实状况、就业质量、满意度等情况，并尝试探索总结每一种就业状态在文化艺术行业内的发展规律；第二个方面，了解毕业 10 年内的毕业生对本科教学、学校人才培养方面的意见和建议，为学校人才培养方向、专业设置、本科教学目标提供决策参考；第三个方面，了解毕业 10 年内毕业生对生涯发展的看法，引发其跳脱专业内视野局限，思考行业需求和市场发展，同时给在校生提供借鉴。

第二部分　总体情况分析

一、主要结论

通过分析总结毕业10年内毕业生的调研数据，我校毕业生总体就业质量高，专业对口度、就业满意度都非常高，就业的工作单位类型与本科专业的契合度、工作岗位与本科专业的匹配度、相关度都比较高。毕业生在文化艺术行业发挥着非常重要的作用，符合我校“至善至美”的专业艺术人才培养目标。

通过调研我们还发现自由职业对艺术类专业毕业生具有非常积极的意义，与有稳定工作单位的毕业生人群相比，其就业满意度、专业对口度等相关质量指标更高，自由职业对于艺术类毕业生来说，是实现职业生涯发展的非常理想的途径之一，我们应该正视自由职业的现实存在意义，并对大学生进行正确的引导，既认识到自由职业在市场环境中的生态现状，又认识到自由职业对文化艺术行业发展的潜在价值。

在所有的毕业生就业群体中，自主创业的毕业生对就业的满意度是最高的，这也将促使我们在今后不断加强对大学生创新创业教育工作的投入，进一步加强对大学生创新创业能力的培养。

二、培养结果与评价

上海戏剧学院本科毕业生就业状况跟踪调研共回收有效问卷1017份，其中男生411人，女生606人。在学校就读的最后学历分布为本科903人，硕士研究生110人，博士研究生4人。毕业5年以内的人数为724份，占总回收问卷的71.2%；毕业5年以上、10年以内的人数为293份，占总回收问卷的28.8%。从问卷回收的情况来看，毕业年份与回收问卷成反比关系，这也符合实际情况，因为本次问卷主要投放形式是通过问卷星在网络、微信上采集，尤其是近几年发展起来的微信转发链接这一方式，使得问卷的发放、回收、统计都比传统的跟踪问卷更有效率。

为深入细致地了解目前毕业生真实的就业状态，我们将就业的状态分成就业（含入伍）、读研（全脱产，含出国）、自由职业、自主创业、待就业（含不工作）等5种状态，就业（含入伍）是指目前是有全职工作单位的毕业生，包括目前是入伍的毕业生；读研是指没有工作单位，以攻读高一级的学位为主要任务的毕业生，包括出国读研究生学位的毕业生；由于毕业时我校的自由职业毕业生占了比较大的比重，我们也特别设定了自由职业的相关问题，以了解自由职业毕业生的真实状态，并引发对在校学生积极的指导意义；由于近几年来国家对大学生创业的积极鼓励和大力支持，毕业生中自主创业的比例逐年提高，我们也特别设立了创业的相关问题，来了解创业毕业生的发展现状。

（一）目前就业状况分析

比较本科毕业时的就业状态与目前的就业状态，从数据来看，见图(1),目前在单位就业(含入伍)的毕业生比例为58.31%,是各项就业状态比例最高的,近6成左右,说明单位就业是我校毕业生就业的主体状态.同时,也比本科毕业时要高出4个百分点,说明经过一段时间的调整,毕业时可能升研究生了,现在可能在单位工作,因为读研的比例由本科毕业时的12.39%下降到现在的9.93%,毕业时可能是自由职业的,现在也有可能因为找到了合适的工作单位,就稳定下来了。值得关注的是,自主创业的比例由本科毕业时的5.01%上升到目前的9.34%,上升了4.33个百分点,根据《中国大学生就业创业发展报告·2015—2016》显示,2016届全国高校毕业生创业率为2.93%。其中,艺术学、经济学和管理学专业的毕业生创业率较高。我校自主创业比例毕业生创业率远高于全国毕业生创业率,这是我校毕业生拥有创业梦想的自主选择,也是文化艺术行业创意需求的市场选择。

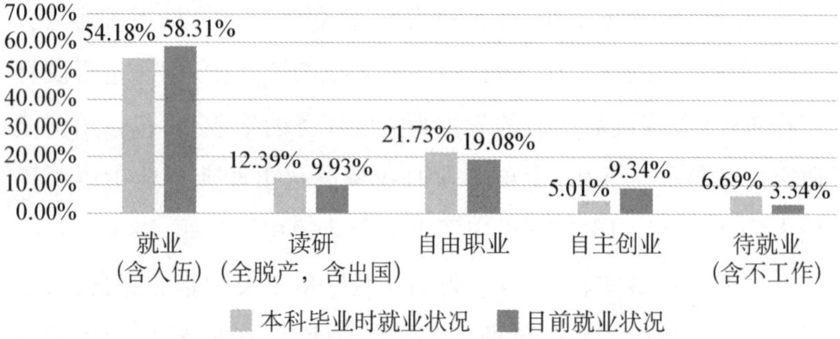

本科毕业时的就业状态与目前的就业状态比较图(1)

1. 有稳定工作单位的就业状况分析

从回收的1017份有效问卷中,目前的就业状态是有单位的毕业生数有593人,占受访总人数的58.31%。其中男生236人,占有就业单位毕业生的39.8%;女生357人,占有就业单位毕业生的

60.2%。这个男女生人数比例,也与每年的毕业生男女生比例相当。

分析目前有稳定就业单位的毕业生人数比例与毕业年份的关系,见图(2),我们可以清晰地看到,稳定的就业人数比例与毕业年份有正相关关系,即有稳定的就业单位的毕业生人数比例随毕业年份的增加而增加,这说明我校毕业生在职业生涯发展过程中,对自己的职业定位逐渐清晰,单位就业成为实现个人价值的最佳选择。

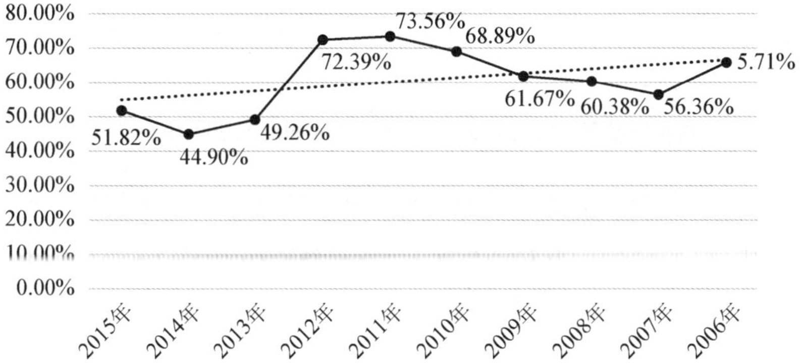

有稳定工作单位的毕业生比例与毕业年份的关系图(2)

目前为有单位就业状态的毕业生,他们在毕业当年是处于什么样的就业状态呢?我们从图(3)可以看出,毕业当年只有76.56%的毕业生是在稳定的就业单位工作;7.76%的毕业生毕业当年是升研究生了;9.27%的毕业生当年是自由职业,但是尝试了一段时间之后,发现自由职业不适合自己,或者有更理想的就业单位,或者是考虑长期的职业生涯发展的需要,而加入一个相对稳定的就业单位;1.85%的毕业生当年是投身创业大军,现在转为有稳定就业单位;4.55%的毕业生毕业当年没有合适的工作,暂时为待就业的,目前也已经有稳定的单位就业。

从目前所在工作单位的性质来看,见图(4),人数比例最多的

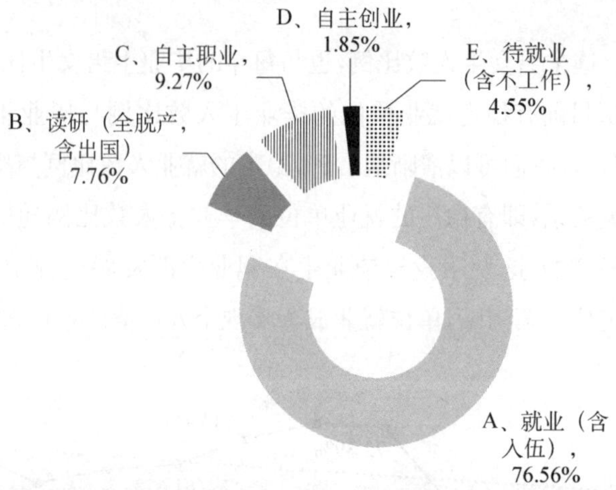

目前已经有稳定的就业单位，本科毕业时的就业状态图(3)

是公司，共 256 人，占全部有单位毕业生的 43.32%，分别为一般企业(19.29%)、国有企业(18.1%)、三资企业(5.92%)。其次为事业单位，占有单位毕业生的 23.86%。此外，去高等教育单位的占 14.72%，去初等教育单位的占 5.75%。

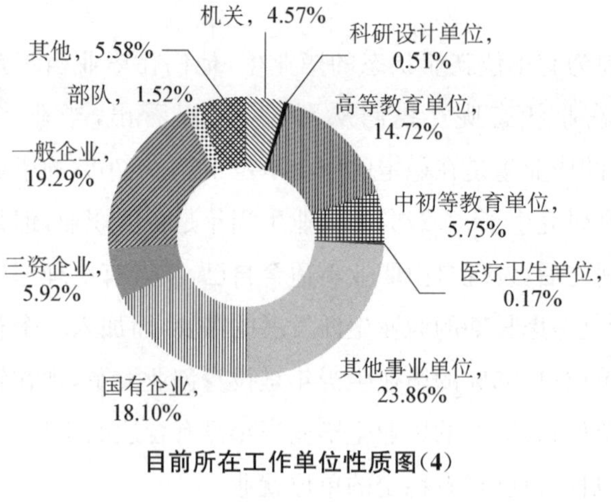

目前所在工作单位性质图(4)

从所在单位的员工规模来看，500 人以上的比例最高，20 人以下的比例最低，从图(5)的数据显示可以看出，单位员工的人数规模越高，所在毕业生的比例越高，员工规模在100人以上的占了68.19%。我校培养的毕业生具有较高的专业技能和行业认可度，能够在实力雄厚的公司内发挥专业才能，引领行业发展。

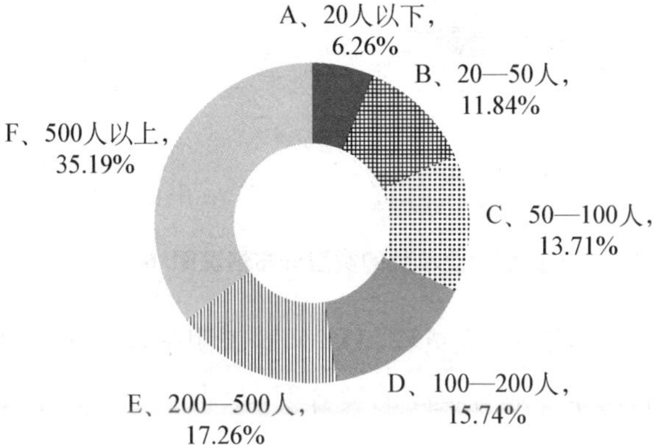

所在工作单位的员工规模图(5)

根据毕业生去向的主要工作单位类型，见图(6)，在专业院团就业的人数比例最高，占26.57%，这非常符合学校专业艺术院校的办学定位和人才培养目标；其次为各级学校、教育单位，占20.47%，这部分毕业生为培养更多的艺术人才作出自己的贡献；在广播、电视台及所属频道、为电视台等媒体提供内容的公司工作的人数比例也较高，占16.07%；其余的工作单位类型如文化馆、影视公司、文化广告公司等也占到26.56%，这些与学校专业相符的单位总占比为89.68%，单位的对口度非常高。

在被问及具体的工作岗位时，76.82%的工作岗位与学校的专业有直接的关系，如演艺人员(20.3%)、教学人员(19.6%)、编剧、编导、策划及相关人员(16.58%)、导演(5.25%)、主持及相关人员

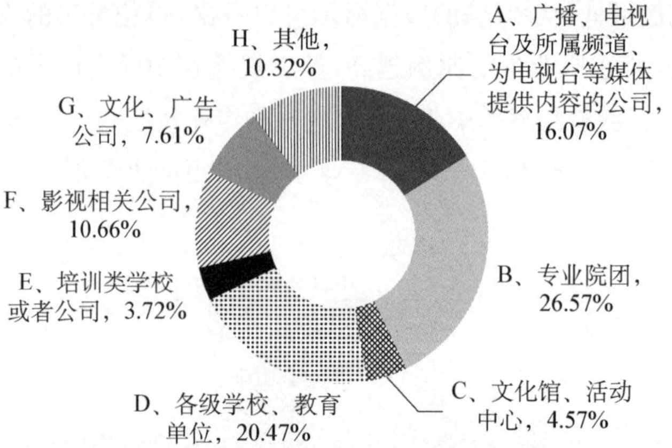

目前就业单位的类型分布情况图(6)

(2.20%)、教学辅导员人员(2.03%)，这说明毕业生所从事的工作岗位与本科所学专业有较高的契合度，专业学习与职业技能有较好的传接性。见图(7)。

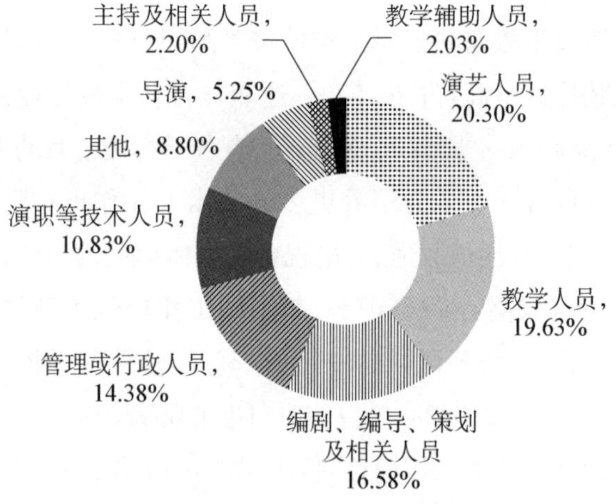

目前所在单位的工作岗位图(7)

从男女生从事岗位的差异性来看，见图(8)，多数岗位是女生占比多于男生，这跟总人数女生比男生多有一定的关系，其中，主持岗位的女生要远多于男生，其次，管理或者行政人员、教学人员等岗位的女生也远多于男生。唯一男生多于女生的岗位是导演。

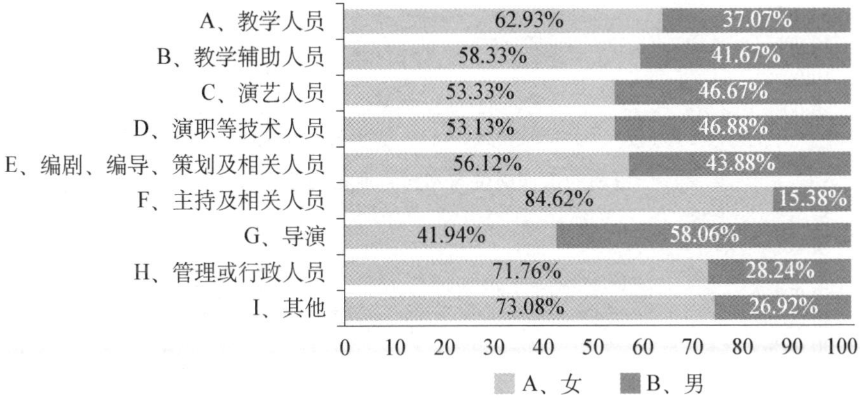

男女生从事岗位差异图(8)

结合工作岗位与本科专业相关度的调研，从图(9)中可以看出，目前工作岗位与本科专业非常相关的毕业生占了51.44%，比较相关的毕业生占24.53%，非常相关与比较相关的毕业生约占到近8成，工作岗位与本科专业完全不相关的仅占6.09%，这说明学校的本科教学对毕业生的就业有决定性的作用，从工作单位类型与本科专业的契合度、工作岗位与本科专业的匹配度、相关度等数据，都充分显示学校对学生的本科专业教学取得了非常好成效。

此外，从图(10)可以看出，专业对口是6成多的毕业生选择目前工作的主要原因，其次为个人兴趣、单位发展前景好、个人事业发展机会多，而薪酬待遇好则不是非常重要的原因，这说明了文化艺术类行业就业对专业技能要求较高，也说明了艺术类毕业生就业选择的专一性较强，对所学专业有较高的忠诚度。

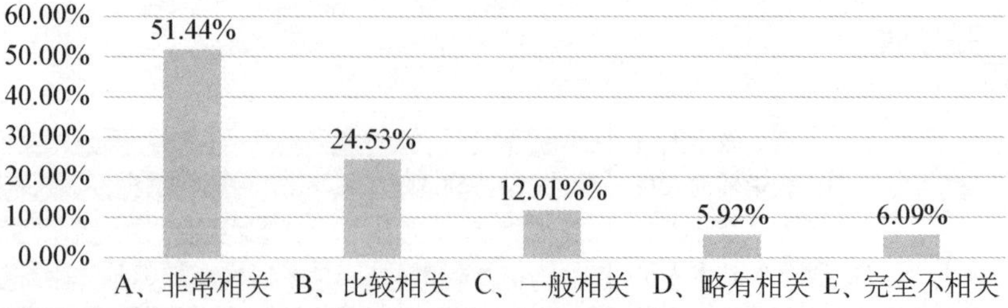

目前的工作岗位与本科专业相关度图(9)

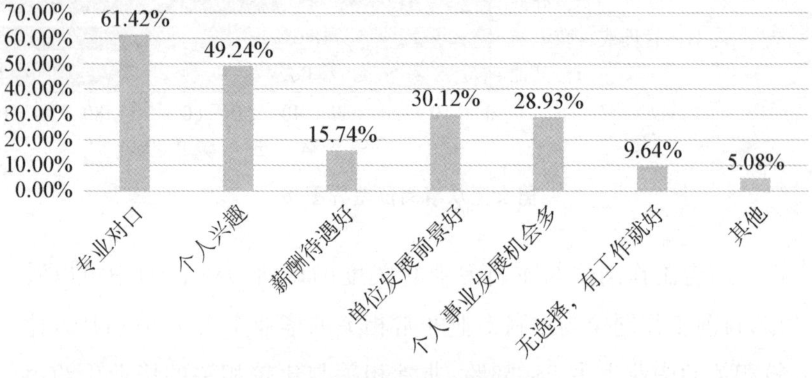

选择目前工作的原因图(10)

关于毕业生对企业的忠诚度方面，问卷还就在这家单位的工作时间作了调研，数据显示，有近一半的毕业生在目前这家单位工作超过 3 年，这对目前年青人多数的频繁跳槽以获得更高的薪酬的做法形成了鲜明的反差。从毕业年份来看，见图(11)，毕业年份越久，在同一家单位工作超过 3 年的人数比例也越高。也越能在问及毕业到现在是否换过工作时，只有 3 成的毕业生表示换过工作，而换工作的主要原因有单位的薪酬福利待遇低、职位晋升发展空间太小、工作内容不合自己的兴趣爱好、不能发挥自己的专业特长等，也反映出上戏的毕业生对工作单位的忠诚度。

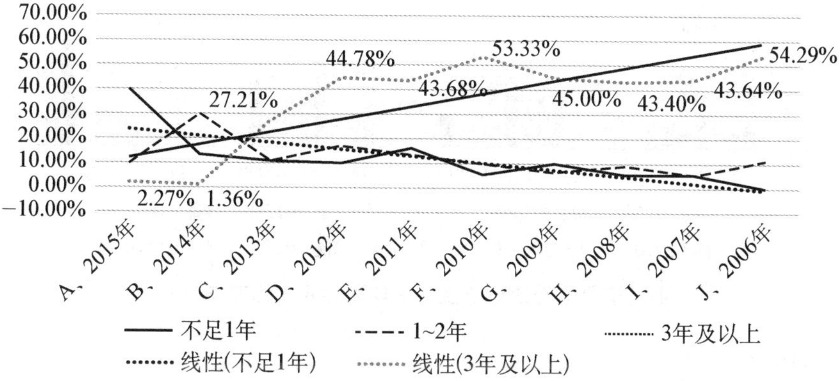

在当前这家单位的工作年份图(11)

从收入情况来看，近一半的毕业生平均每月税后收入在 5000 元至 10000 元之间，其次为 5000 元以下，占 30.96%。见图(12)。

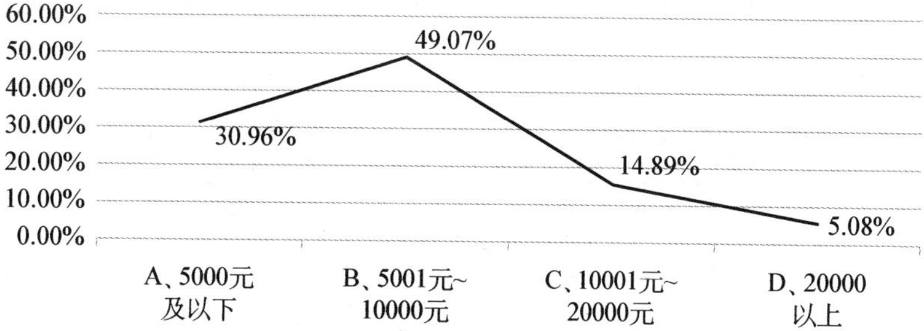

目前月平均收入(税后)图(12)

从总体来看，月平均税后收入在 10000 元以下的毕业生，随毕业年份的增加人数比例减少，见图(13)，这也是属于比较正常的情况，随着工作年限的增加，工作经验、阅历的增长，收入肯定有所增

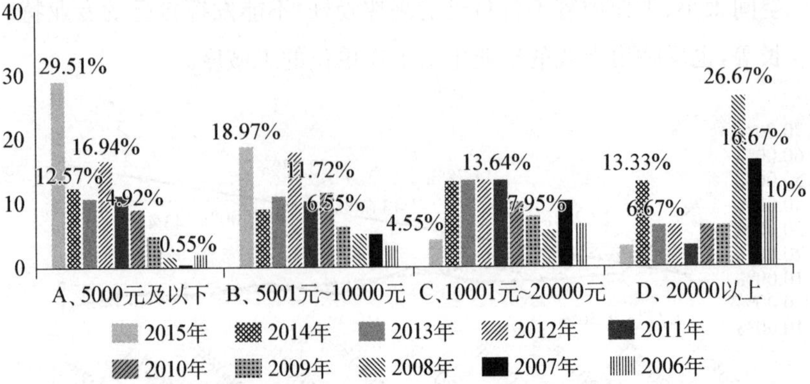

不同毕业年份的毕业生月平均税后收入比较图(13)

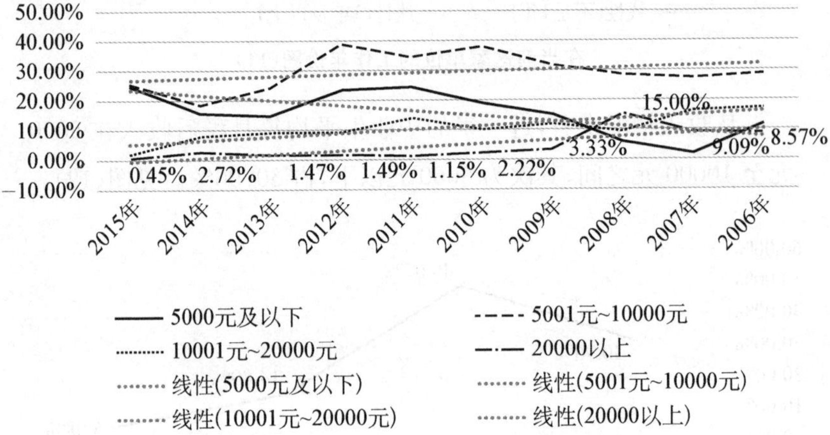

月平均税后收入毕业年份的关系分析图(14)

加;而月平均税后收入 1 万至 2 万之间的毕业生,除了 2015 年、2008 年人数占比较少外,其他毕业年份的人数占比相对比较接近;月平均税后收入 2 万元以上的毕业生中,2008 年、2007 年、2006 年的毕业生人数占比相对较高,也就是毕业 8 年左右的学生,在收入水平上会有一个飞跃。

从图(14)也可以看出,毕业生的月平均税后收入 5000 元以下的随着毕业年份的增长而下降，反之，月平均税后收入在 5000 元以上的，均随毕业年份的增长而增长。

有意思的是，在月平均税后收入 2 万元以下的收入人群中，女生的人数占比均远高于男生，而在 2 万元以上的人群中，男生的人数占比远高于女生，见图(15)。男生不鸣则已一鸣惊人。

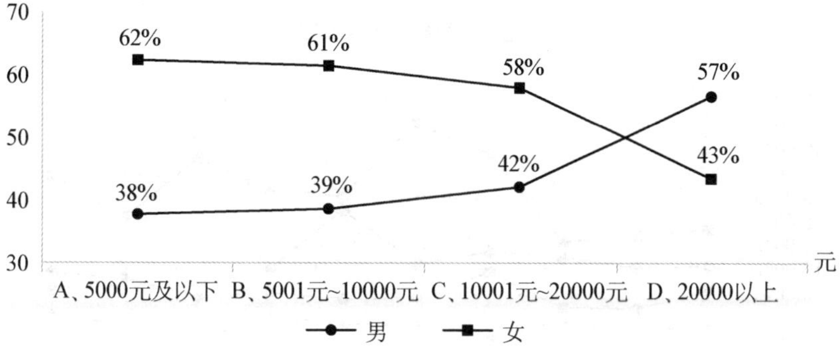

不同性别的毕业生月平均税后收入比较图(15)

对目前的工作非常满意的占 16.58%，比较满意的占 49.58%，一般满意的占 28.76%，只有 5.08%的认为目前的工作不太理想。图(16)分析毕业生对目前就业单位的满意度与毕业年份的关系，从图(17)可以看出，对目前就业单位非常满意的比例随毕业年份的增加缓慢增加，而对目前就业单位比较满意的比例随毕业年份的增加明显增加。

从男女生性别来看，对目前工作非常满意和不太理想的男女生比例相当，而对目前工作比较满意及一般满意的女生人数占比较高，从总体来看，女生相对比男生对目前的现状表示满意，而男生可能因为有更多的社会、家庭的压力，而导致对目前的工作始终感到有所欠缺。见图(18)。

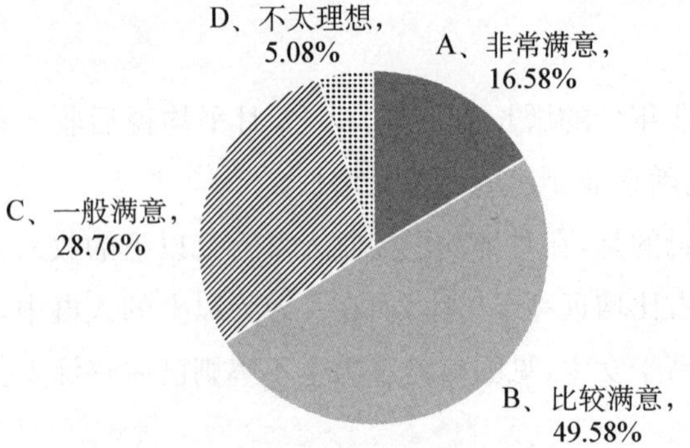

对目前工作的满意度情况图(16)

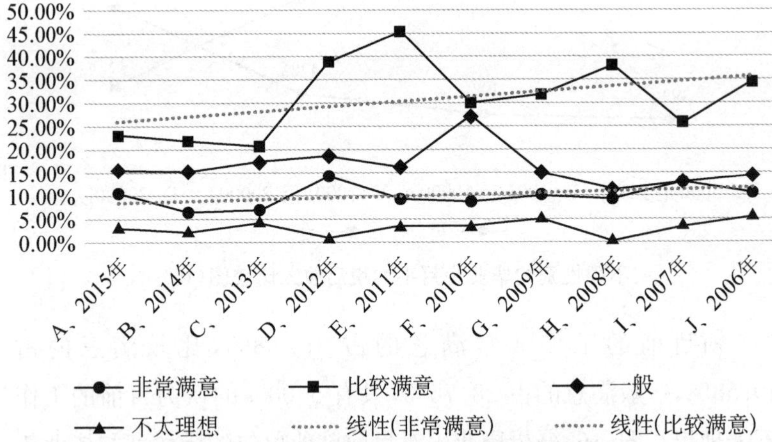

对目前就业单位满意度与毕业年份的关系图(17)

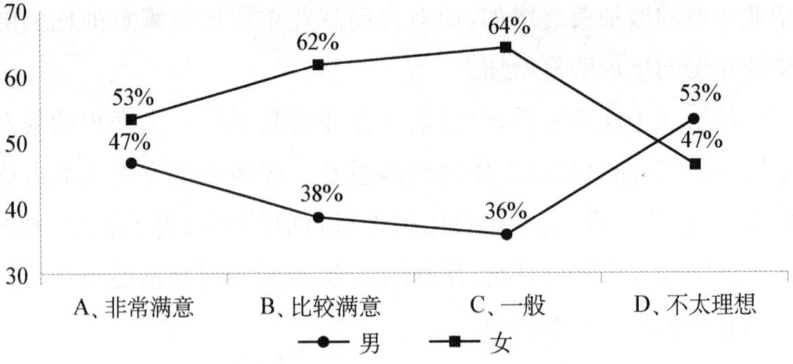

不同性别的工作满意度比较图(18)

从总体有稳定就业单位的毕业生情况来看，工作的单位性质、工作岗位、工作内容、收入等方面的数据都显示我校毕业生就业质量相当高，且随着毕业年份的增长，对于目前就业的状况满意度也逐步增长，呈良性发展趋势。

2. 读研的状况分析

从回收的 1017 份有效问卷中，目前的就业状态是读研的毕业生数有 101 人，占受访总人数的 9.93%。其中男生 28 人，占目前读研本科毕业生的 27.72%；女生 73 人，占目前读研本科毕业生的 72.2%。女生的比例远高于男生。

目前读研的毕业生在毕业当年的就业状况是怎么样的？我们从图(19)可以看到，32.67%的毕业生在毕业当年并不是直接升研的，有 15.84%的毕业生毕业当年先找了工作单位就业，8.91%的毕业生毕业时为自由职业，2.97%的毕业生毕业当年为自主创业，也有 4.95%的毕业生当年没有找到合适的工作。

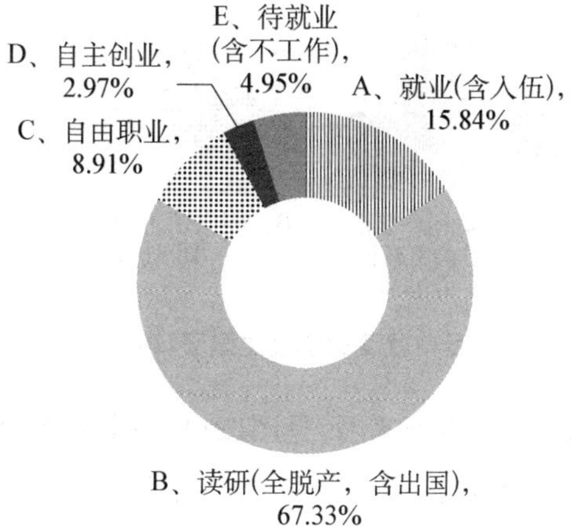

本科毕业时的状态图(19)

从目前读研的研究生学校类型来看，见图(20)，我校本科毕业生继续攻读研究生学位的同学选择就读的还是以艺术类研究生单位为主，国内、国外的艺术类高校占到 74.25%，就是近四分之三的毕业生还是选择继续在艺术类高校深造。其中，以本校升研的比例为最多，占了 33.66%；其次是国外艺术类高校，占 21.78%，这也与近几年不断攀升的出国读书的毕业生比例相一致；本科毕业之后选择攻读非艺术类高校的学生，包括国外非艺术类高校与国内非艺术类高校的总和为 25.74%，也就是说跨专业、跨行业攻读研究生学位的同学占了整个升研究生同学的四分之一，原先一直被大家认同的艺术类专业毕业生不容易改专业、改行的观念正在逐步被打破。

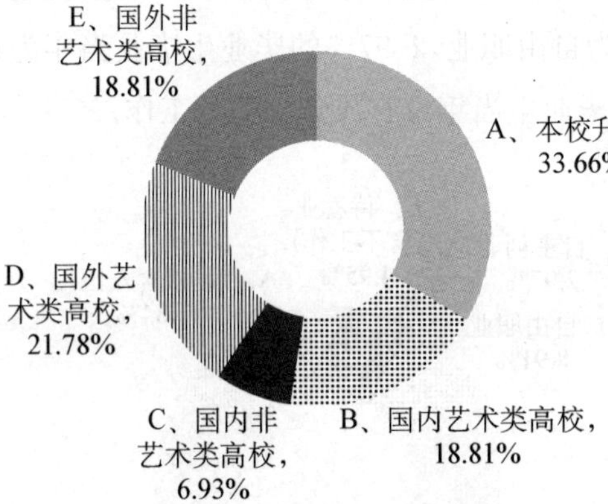

目前就读的学校类型图(20)

从攻读的研究生专业来看，见图(21)，一半的毕业生攻读与本科专业一致的专业，体现了对本科专业的热爱，也为更深入、理论地学习本科专业创造条件；与本科专业虽然不一致，但同属于艺术专业的毕业生占 37.62%，这部分同学已经在悄悄地改变、调整自己的专业，使自己在艺术这个大专业的范畴里，有更广阔的发展空间；同样，也有 11.88% 的毕业生选择了完全的跨专业学习，这对艺术类本科毕业生来说，是需要勇气和大量的非艺术类专业的专业知识的储备，他们研究生毕业之后，必将成为难得的复合型人才。

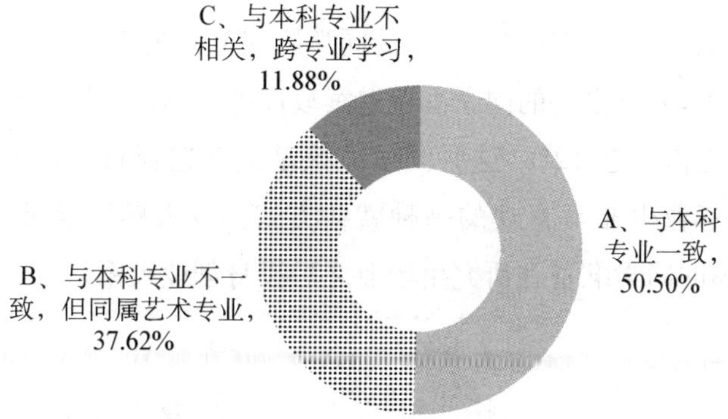

目前就读的专业情况图(21)

在被问到为什么要攻读研究生学位时，从选项的综合得分排序来看，见图(22)，希望有更高的职业起点为第一名，这说明我们学校攻读研究生学位的本科毕业生对自己的职业要求还是比较高

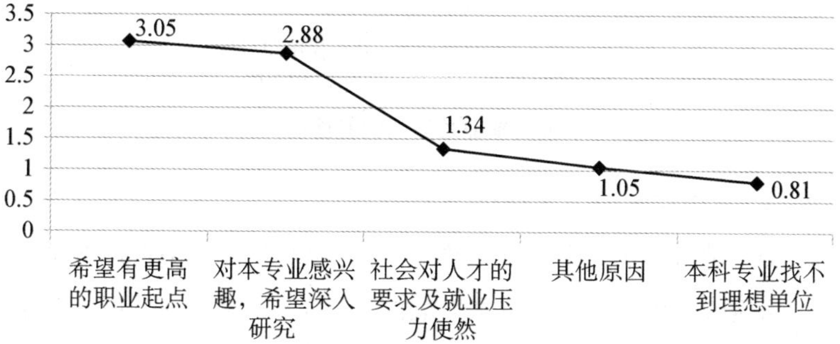

攻读研究生学位的首选原因(排序)图(22)

的，其次为对本专业感兴趣，希望能深入研究，这两项选项的分值非常接近，几乎是绝大多数毕业生的选择。而其他的原因，如社会的就业压力导致读研究生的人数比例并不高，说明社会的就业压力还是对我校的本科毕业生有影响，但影响不是特别大。

学校在对学生进行职业生涯教育时，也曾经讨论过“考研为了啥”等议题，我们也设计了题目问及研究生毕业之后的打算，从调研的结果来看，见图(23)，一半的同学研究生毕业之后就准备找单位就业了，五分之一的同学准备继续攻读博士学位；准备自由职业的同学也占了近 12%，这些同学应该是主动选择自由职业，这也是我校毕业生非常喜欢的一种就业方式。令人感到意外的是有 16.83%的同学准备在研究生毕业之后投身创业大军。

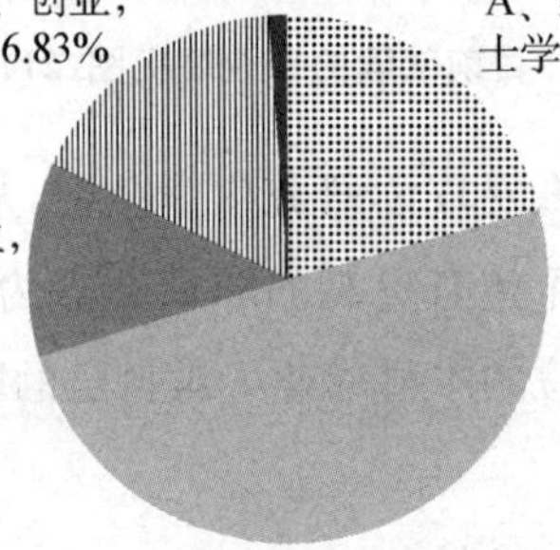

研究生毕业之后的打算图(23)

3. 自由职业的状况分析

从回收的 1017 份有效问卷中，目前的就业状态是自由职业的毕业生数有 194 人，占受访总人数的 19.08%，接近总受访人数的 2 成，比例相对较高。其中男生 77 人，占目前为自由职业毕业生人数的 39.69%；女生 117 人，占目前为自由职业毕业生人数的 60.31%。女生的比例也远高于男生，这跟总体毕业生的男、女生人数构成比例有一定的关系。

近年来，随着社会的不断发展，涌现出了很多新型的就业方式，对于艺术类毕业生来说，自由职业已不是陌生的名词，而是同学们愿意主动选择的一个职业生涯的方向。我校的毕业生中每年都有相当比例的毕业生投身自由职业，本次的毕业生跟踪调研特别将自由职业作为单独的一个就业状态来重点了解和分析，也是基于毕业生对于自由职业的热情和自由职业的现实存在。由于自由职业工作的特殊性，没有固定的收入，没有固定的工作单位，一切都是“自由”的，工作时间、工作内容、工作地点均是灵活的，对于不喜欢朝九晚五的艺术专业毕业生来说，这样的工作简直就是梦想中的生活。那么从事自由职业的毕业生们现实的职业发展状态是怎么样的呢？他们在充分享受自由的时候，是否也感受到工作、生活的乐趣呢？从回收的问卷来看，有近 2 成的毕业生主动选择自由职业，让我们来分析一下他们目前的具体状况，对在校的学生具有非常现实的指导意义。

首先我们来看这些自由职业毕业生在本科毕业当年是如何选择就业方式的，从图(24)中可以看出，本科毕业时有近 7 成的自由职业毕业生已经主动选择自由职业，这是坚定的自由职业者，从每年的毕业生就业去向构成统计情况也可以反映出。有 20.10%的毕业生在本科毕业当年是已经找到了合适的工作单位，但是在工作一段时间之后，转为自由职业的；剩余的有 7.22%的毕业生在本科毕业当年是待就业的，3.61%的毕业生在本科毕业时是升入研究生学习的；还有 1.03%的毕业生在本科毕业时是自主创业，后来转为自由职业。

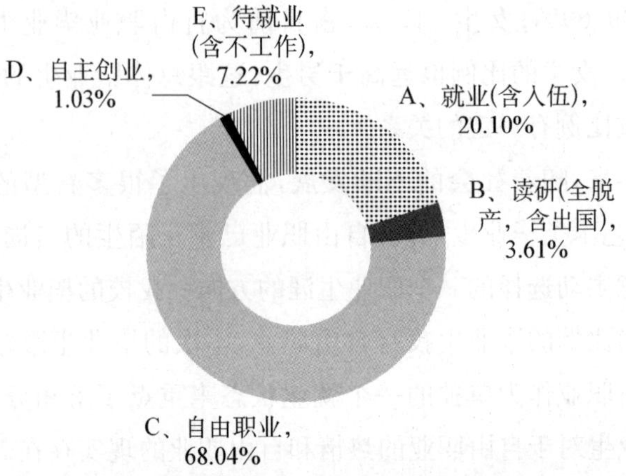

本科毕业时的就业状态图(24)

我们先来看一下毕业生们选择自由职业的主要原因是什么，从图(25)中可以看出，6成左右的毕业生选择自由职业是因为这样的工作方式比较符合自己的专业，学校开设的艺术类专业几乎都适合自由职业，从演员、导演到编剧、舞美、主持、编导等等，尤其是近几年社会的用工方式发生了深刻的变革，很多文化艺术公司

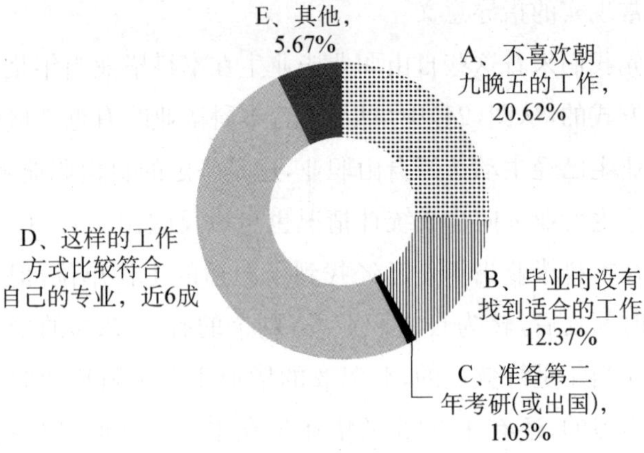

选择自由职业的原因图(25)

不再固定地聘用艺术专业毕业生，这也更符合市场经济的发展规律。此外，不喜欢朝九晚五工作方式而选择自由职业的毕业生占了 20.62%，这些都可以看作是毕业生主动选择自由职业。也有 12.37%的同学在毕业时没有找到适合的工作，或者准备第二年再考研（或出国）等原因而暂时选择自由职业的，虽然是自由职业，但和待就业还是有本质的区别的。

我们再从自由职业的就业质量来分析，自由职业的毕业生所从事的工作近 6 成是与本科专业完全相关的，与本科专业比较相关的也占了 25.77%，所从事的自由职业工作与本科专业完全不相关的只有 6.19%，见图（26）。这说明学校的本科教学工作实效而具有现实意义。此外，自由职业的工作地点主要还是分布在上海、北京为主。

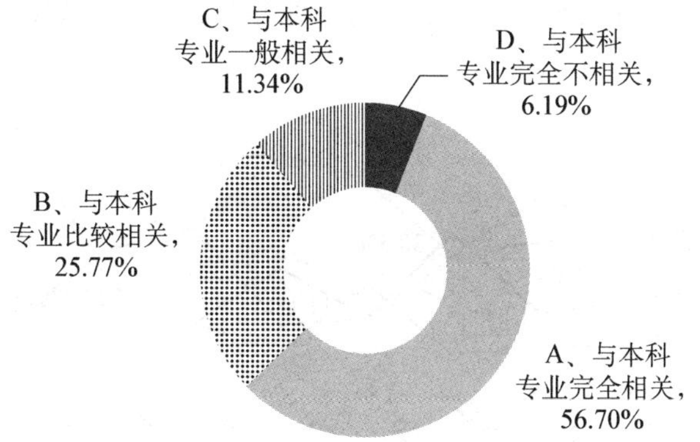

目前从事的自由职业工作内容与本科专业相关度图（26）

从目前收入情况来看，见图（27），收入非常稳定且有不断增长趋势的占了自由职业毕业生的四分之一，而收入基本稳定，能满足日常开销的有近百分之三十。收入非常不稳定，准备找固定工作也仅占 5.15%。占自由职业毕业生 4 成的为目前收入虽然不太

稳定，但是有更多的自由时间可以做自己喜欢的事情，这对个人的职业兴趣的发展和探索形成了良好的调整和提升空间，

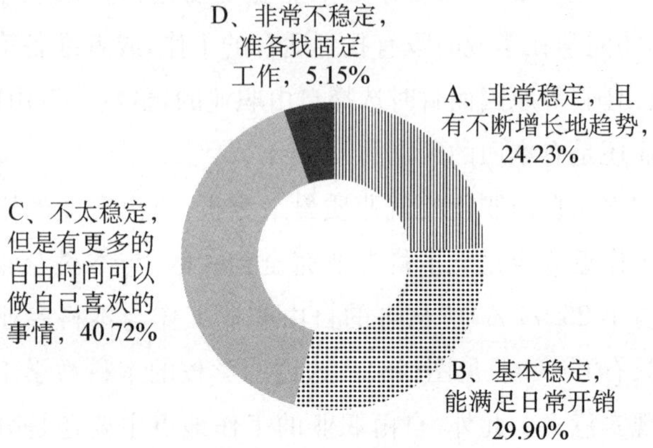

目前的收入是否稳定图(27)

分析自由职业收入稳定性与毕业年份的关系，从图(28)中可

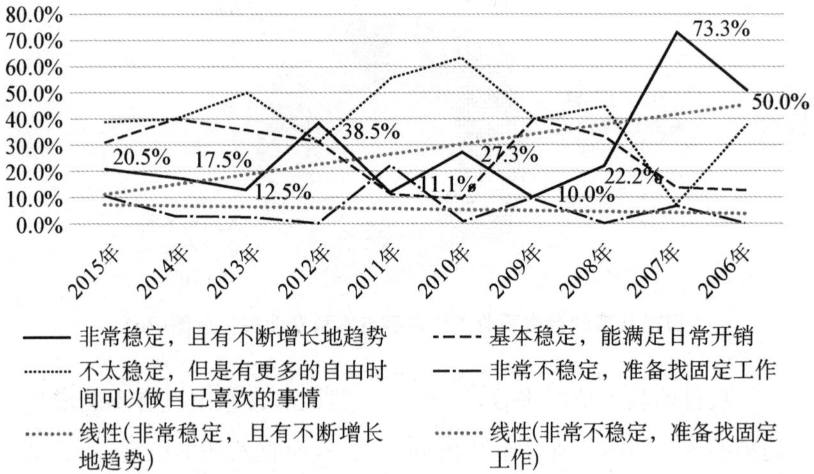

自由职业收入稳定性与毕业年份的关系图(28)

以看出，收入非常稳定，且有不断增长的趋势这一比例随毕业年份的增长而增长，而收入非常不稳定，准备找固定工作随毕业年份的增长而下降，由此可见，自由职业的收入稳定性与毕业年份有着密不可分的关系。

从目前自由职业的月平均税后收入来看，见图(29)，占比最高的为收入 5001 元至 10000 元之间，占了自由职业毕业生的近 4 成，10001 元到 2 万元的占自由职业毕业生的 2 成多，而月平均税后收入超过 2 万元的，也占到自由职业毕业生的近 2 成，从总体的月平均税后收入水平来看，收入还是比较高的。

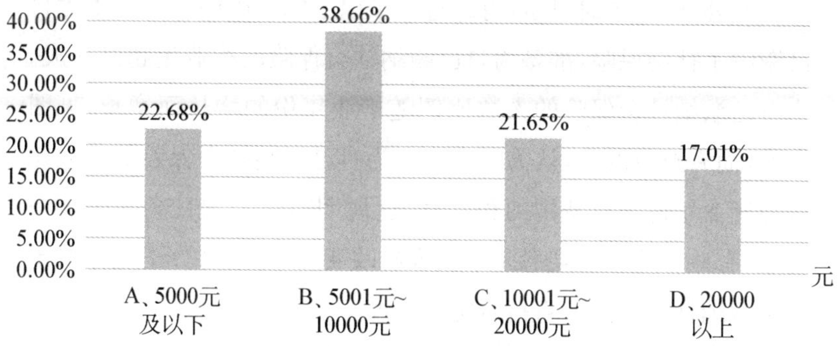

目前月平均收入(税后)图(29)

分析毕业生的月平均税后收入与毕业年份的关系，见图(30)，可以非常清晰地看出，收入与毕业年份成正比关系。月平均税后收入 5000 元以下的毕业生随毕业年份的增长而下降，反之，月平均税后收入 20000 元以上的毕业生随毕业年份的增长而增长。

问卷也调研了自由职业毕业生对目前的自由职业状态是否满意，见图(31)，从数据来看，对目前的自由职业状态“非常满意”、“满意”的占自由职业毕业生近 7 成，满意度还是比较高的，对目前的自由职业状态不满意的仅占 5.15%。

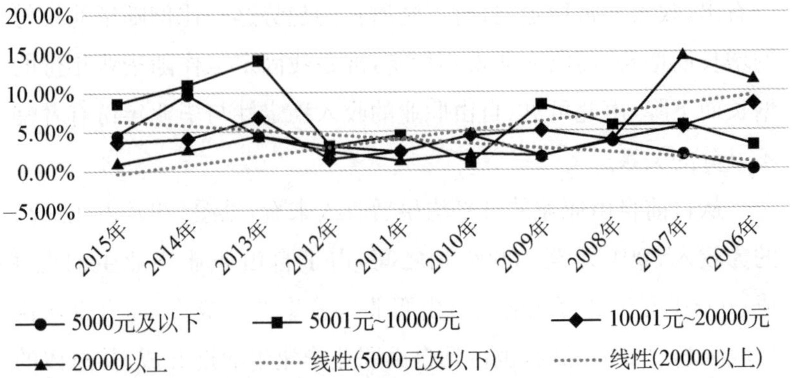

月平均税后收入与毕业年份的比较图(30)

此外,问卷调研显示,有超过一半以上的自由职业毕业生为自己缴纳了社会保险,准备为自己缴纳社会保险的毕业生超过3成。为自己缴纳社会保险的人数比例随毕业年份的增长而增长,见图(32),而有意思的是,认为没有必要为自己缴纳社会保险的人数比例与毕业年份没有特别的相关性,这说明对于缴纳社会保险这一问题,有些毕业生的观念是不太容易改变的,有少部分毕业生对于是否缴纳社会保险一直持否定的态度。

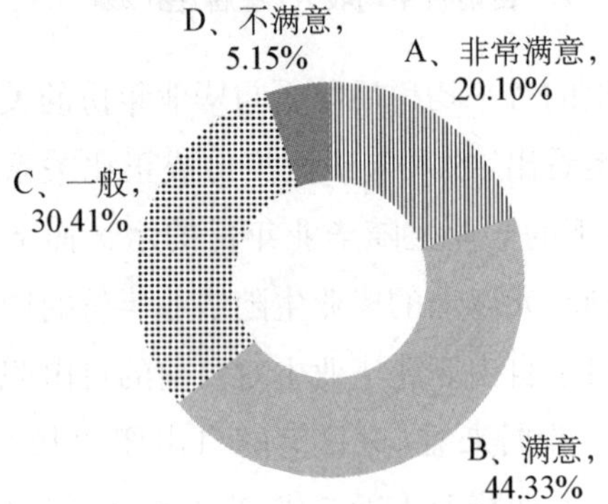

对目前的自由职业是否满意图(31)

从自由职业的调研情况来看，总体上我校自由职业的毕业生从事的工作与本科专业相关度极高，从事的工作内容、工作方式都是自己喜欢的，能够创造更大的社会价值，收入情况良好且稳定，满意度高。自由职业已经成为我校毕业生的主流就业方式之一，这是艺术专业本身的特性与目前社会整体的用工方式有极大的关系，也是时代的潮流所向。

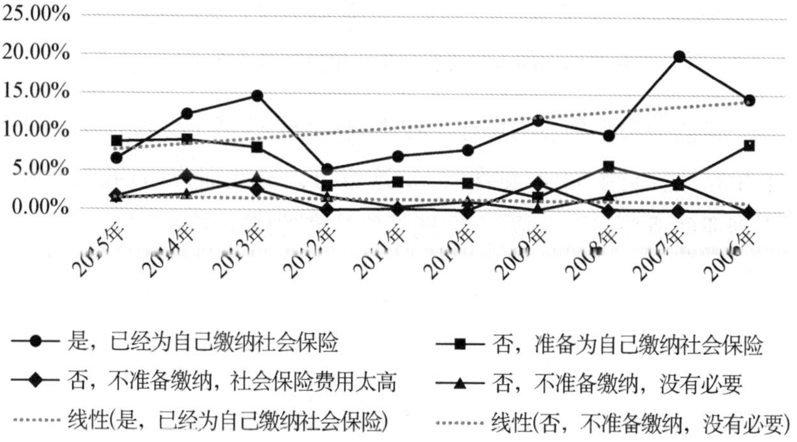

是否为自己缴纳社会保险的人数比例与毕业年份的关系图(32)

4. 自主创业的状况分析

从回收的1017份有效问卷中，目前的就业状态是自主创业的毕业生数有95人，占受访总人数的9.34%，占总受访人数的近1成，比例相对较高。其中男生58人，占目前为自主创业毕业生人数的61.05%；女生37人，占目前为自主创业毕业生人数的38.95%。这是唯一一个就业状态男生比例超过女生，创业工作还是男生占主体的工作。

创业毕业生的人数比例与毕业年份成正比关系，见图(33)，即随着毕业年份的增长，投身创业工作的毕业生比例也在增长。

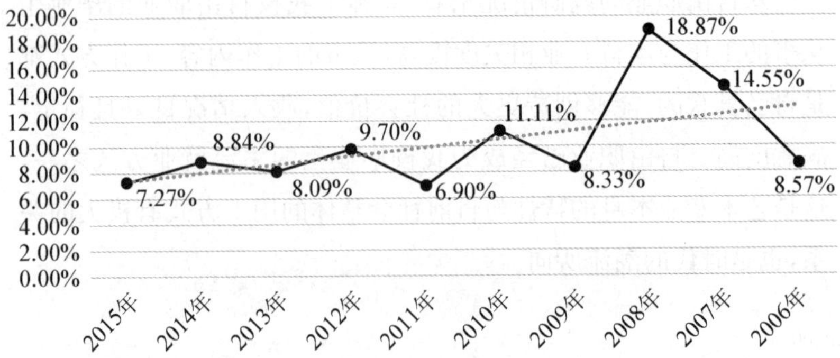

自主创业的人数比例与毕业年份的关系图(33)

目前为自主创业的毕业生在本科毕业当年只有36.84%的毕业生是选择自主创业,见图(34),这也可以从侧面说明,我校毕业生创业的成功率在4成左右,还是比较高的成功率。

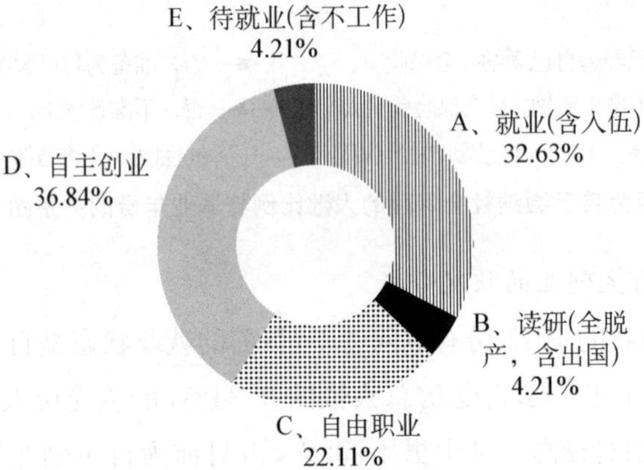

目前为自主创业毕业生本科毕业生的就业状态图(34)

从毕业生创业的首要原因来看,见图(35),7成的毕业生表示是为了实现自己的职业理想,也有近16%的毕业生是为了有更高的收入,14%左右的毕业生是因为有一个很好的创业机会。

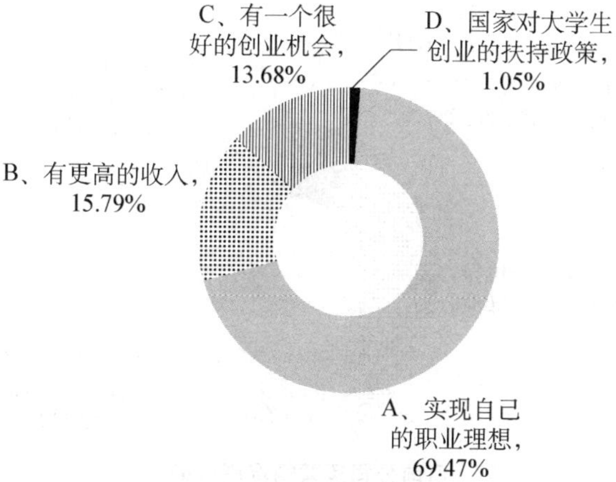

选择自由创业的主要原因图(35)

从创业的毕业生公司运营情况来看，已经注册公司的毕业生占 82.11%，目前虽然没有注册，但是在考虑注册公司的占 12.63%，挂靠其他公司的占 5.26%。多数公司为营利性组织，有 6 家公司为公益性组织，体现了我校毕业生的社会责任感。公司的员工人数多在 20 人以下，20—50 人的也占到了创业毕业生的 11.58%，超过 100 人员工的公司有 3 家。此外，有一半的公司录用本校毕业生，创业公司的业务范围主要集中在艺术培训、演出、设计、教育、影视等方面，从公司的业务范围可以看出，多数是以学校的艺术专业为依托。有 1 家公司目前已经上市，有 2 家公司正在筹备上市，有一半的公司有上市的计划和意愿。总体的公司运营情况非常良好，业务拓展快速增长的公司占 15.79%；运营还不错，每年都有一定的发展的公司比例最高，为 42.11%；快坚持不下去的公司仅 2 家。见图(36)。

从对目前创业的状态满意度调研情况来看，对创业状态“非常满意”、“比较满意”的比例超过 8 成，没有对目前的状态不满意的，见

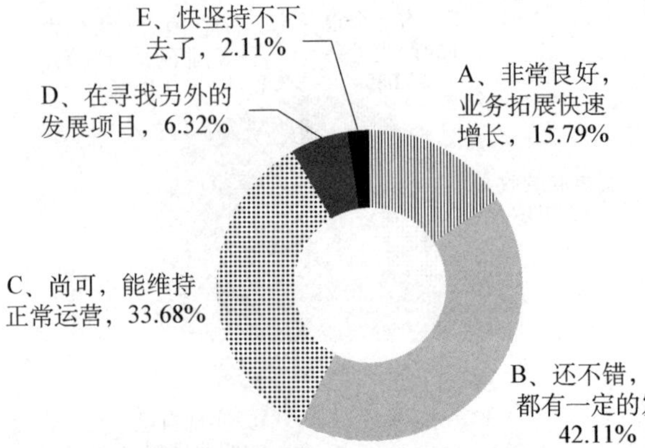

目前公司运营情况图(36)

图(37)。在几种不同的就业状态中,创业的毕业生满意度相对较高。

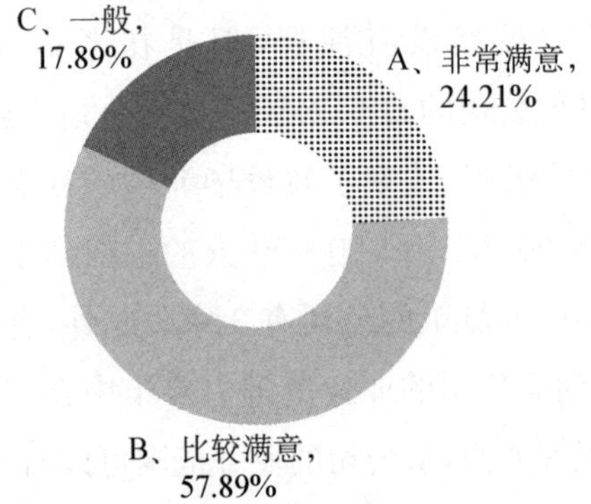

对目前的创业状态满意度情况图(37)

从创业毕业生的总体情况来看,公司运营相对较好,收入远高于在单位就业或者自由职业的毕业生,同时,创业的毕业生具有一种乐观、百折不挠的创业精神,实现自己的职业理想。

5. 待就业的状况分析

从回收的1017份有效问卷中,目前的就业状态是待就业(含不工作)的毕业生数有 34 人,占受访总人数的 3.34%,比例相对较小。其中男生 12 人,占目前为待就业毕业生人数的 35.29%;女生 22 人,占目前为待就业(含不工作)毕业生人数的 64.71%。总体来看,待就业(含不工作)的人数比例与毕业年份正反比关系,见图(38),即随着毕业年份的增长,待就业(含不工作)的人数比例逐年下降。

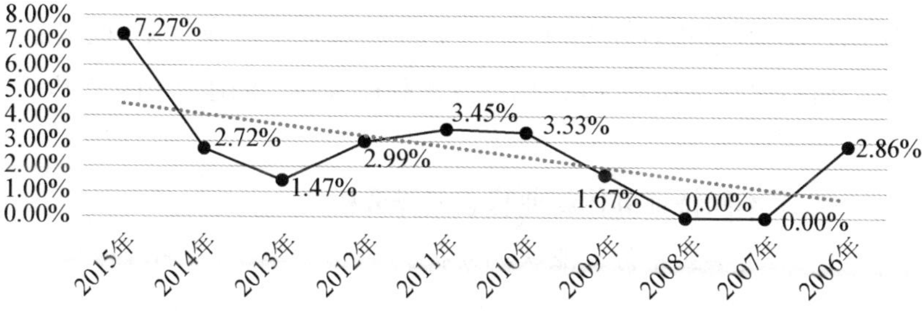

待就业(含不工作)毕业生的人数比例与毕业年份的关系图(38)

从问卷数据来看,目前待就业(含不工作)的毕业生有超过一半的比例在本科毕业时就是待就业或者不工作,3 成左右为毕业当年有就业单位,1 成左右为毕业当年是自由职业。从待就业(含不工作)的原因来看,依次为 38.24%的毕业生是一直找不到理想的工作,17.65%的毕业生是因为家庭的需要,8.82%的毕业生是刚刚与上一家单位解除劳动关系,其他的还有身体方面的原因、为第二年考研或者出国作准备等。

从待就业(含不工作)的时间来看,超过 4 成的毕业生待就业或者不工作的时间在 3 个月左右,待就业或者不工作时间在半年左右的占 26.67%,一年左右的占 20.59%,超过一年的在 1 成左右(4 人),相对来看,短期待就业或者不工作的人数比例比较高。

这些待就业的毕业生中,近一半的毕业生正在积极找工作

(47.06%)，而短期内不准备找工作的占 17.65%，剩余的 35.29% 的毕业生视情况而定。

对于目前待就业的状态，近 4 成的毕业生认为"非常满意"和"比较满意"，这也可以从侧面反映出这部分待就业（含不工作）的毕业生是主动不想找工作。对目前的待就业状态感到不理想的仅 9 人，占待就业毕业生的 26.47%。

从待就业（含不工作）的总体情况来看，首先是待就业（含不工作）的人群数量相对较少；其次，在这些待就业的毕业生中，也包含了主动不想找工作的人数，真正待就业在家的比例还是相对较少。

（二）不同特征群体就业状态差异分析

1. 不同毕业年份就业状况分析

根据毕业生目前的就业状态，我们分别对有稳定就业单位、读研（含出国）、自由职业、自主创业、待就业的毕业生分析比较毕业当年与目前的就业状态，并通过分析毕业年数的增长与目前就业状态的情况，来了解毕业年数对毕业生职业生涯发展的影响。

图(39)为本科毕业时有稳定单位与目前有稳定单位的毕业年份比较，从中可以清晰地看到，目前有稳定工作单位的毕业生人数占比多数高于毕业当年有稳定工作单位的毕业生人数占比，只有 2013 年、2006 年的毕业生低于毕业当年；2011 年、2009 年毕业生目前有稳定就业的人数比例比毕业当年上升比例最大；从毕业 10 年内的有稳定单位签约情况来看，毕业年数在 5 年以内的两者相差数据不大，毕业 5—10 年的毕业当年有稳定工作单位与目前有稳定工作单位的比例数据差别较大，这说明，有稳定就业单位的毕业生人数比例随着毕业年份的增长而增长。从全部毕业生的就业状态来看，有稳定的就业单位不是全部毕业生的就业选择，艺术类专业的毕业生对于就业工作有自己更多元、更个性的选择，这非常符合艺术专业毕业生就业的特性及社会目前多元用工制度的现实。

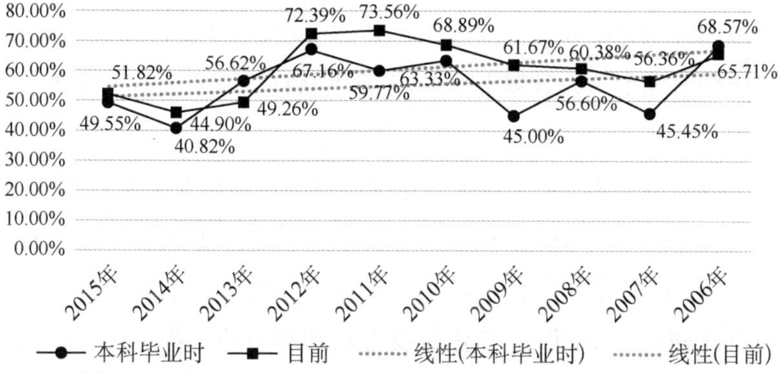

本科毕业时有稳定单位与目前有稳定单位的毕业年份比较图(39)

分析本科毕业时升研情况与目前升研情况在不同毕业年份的比例数据，见图(40)，毕业3年内本科毕业时升研究生人数比例与目前读研究生人数比例非常接近，这说明当年升研究生的同学多

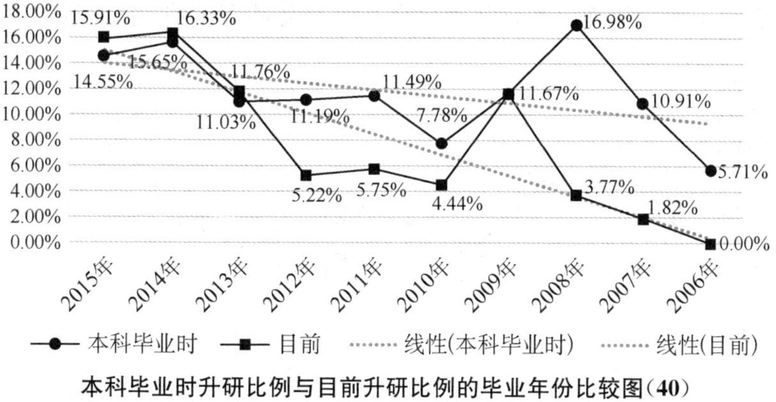

本科毕业时升研比例与目前升研比例的毕业年份比较图(40)

数还在学制内。2012 年(含)之前毕业的毕业生目前还在读研的是工作了一段时间之后再考研的,随毕业年份的增长则下降。从本科毕业时升研的人数比例来看,除了 2008 年人数最多外,基本呈随毕业年份的增长而下降的趋势,这也符合我校近几年毕业生升国内外研究生人数比例逐年上升的事实,尤其是近几年出国攻读国外研究生的人数越来越多,而且不断有毕业生创造上戏历史,考入全球排名前茅的世界著名高等学府。

分析本科毕业时自由职业情况与目前自由职业情况在不同毕业年份的比例数据,见图(41),总体来看,除 2014 年、2013 年、2006 年,目前为自由职业的毕业生人数比例要低于本科毕业时,这有几种可能性,第一,毕业时没有找到理想的工作单位,或者签理想的工作单位需要一段时间;第二,毕业时充满了对世界的无限向往,对自由工作的渴望,想先以自由职业的状态来适应一下社会;第三,准备第二年考研或者出国,暂时自由职业,也会导致毕业当年的自由职业比例略高。随着毕业年份的增加,对于个人职业生涯的发展也有了清晰的认识,一旦遇到有相对理想的工作单位,就会签单位工作。数据从另一个方面也说明,毕业年份越长的,目

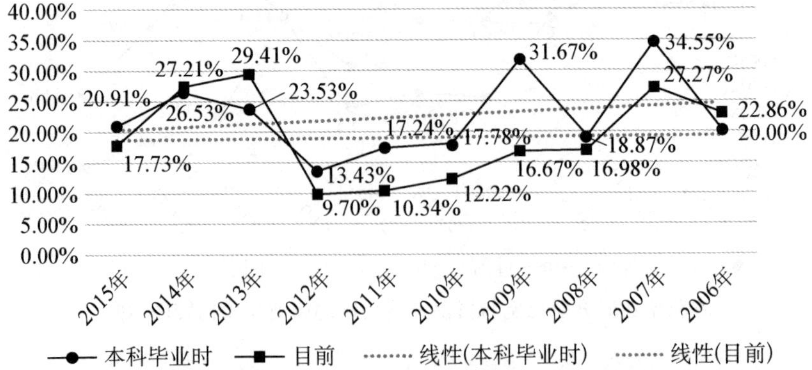

本科毕业时自由职业比例与目前自由职业比例的毕业年份比较图(41)

前为自由职业的毕业生，其自由职业的主动性和持久性越高，从图(30)中可以明显地看出，月平均税后收入超过 2 万的人数比例随着毕业年份的增长而显著增长。

分析本科毕业时自主创业情况与目前自主创业情况在不同毕业年份的比例数据，见图(42)，从总体趋势来看，本科毕业时的创业人数比例与毕业年数成反比关系，毕业年数越久，本科毕业时创业的人数比例越低，这与毕业当年的创业政策有非常直接的关系；而目前的创业人数比例与毕业年数成正比关系，毕业年数越久，目前创业的人数比例越高，这说明在国家“大众创业万众创业”政策的鼓励下，有了一定工作经验的毕业生逐步投身创业工作，取得了非常显著的成效。

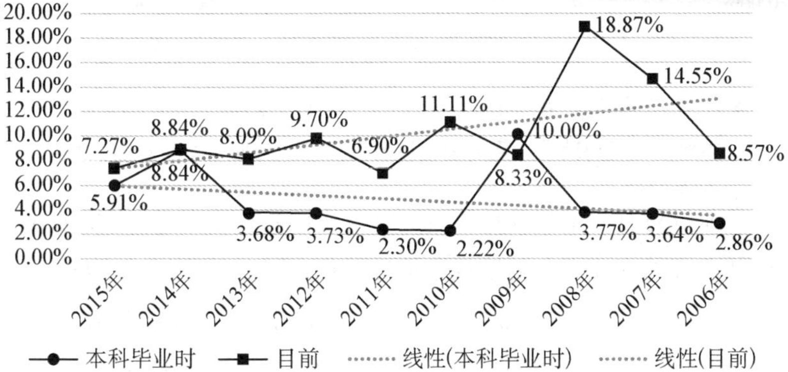

本科毕业时自主创业比例与目前自主创业比例的毕业年份比较图(42)

分析本科毕业时待就业情况与目前待就业情况在不同毕业年份的比例数据，见图(43)，从总体来看，除 2009 年、2006 年本科毕业时的待就业人数比例与目前的人数比例一致外，目前的待就业人数比例均低于本科毕业时，其中 2014 年、2011 年、2010 年、2007 年的毕业生目前的待就业人数比例比本科毕业时要降低

5%至6%；而本科毕业时的待就业人数比例有逐年上升的趋势，这与90后毕业生的多元的就业观、择业观有密不可分的关系，当然，这个多元的就业观、择业观的产生跟社会经济发展有非常大的关系，毕业生毕业时不就业，也不会有太多的生存压力，使得毕业生有更多的时间去思考自己喜欢的工作和今后的职业生涯发展方向。

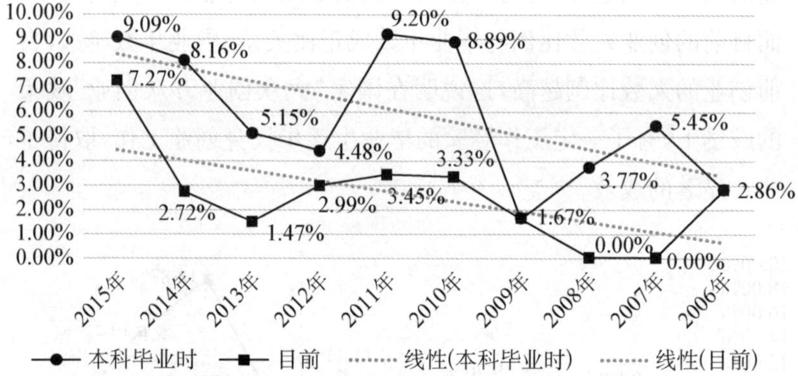

本科毕业时待就业比例与目前待就业比例的毕业年份比较图(43)

通过对有稳定就业单位、读研(含出国)、自由职业、自主创业、待就业五种就业状态的毕业生情况分析，我们可以看出，目前有稳定的就业单位、自主创业的毕业生人数比例要高于本科毕业时，而读研(含出国)、自由职业、待就业的毕业生人数比例要低于本科毕业时。

2. 男女生就业状况分析

本次毕业生就业状况跟踪调研，共回收有效问卷1017份，其中男生占40.41%，女生占59.59%，男女生人数比约为2∶3，这与在校生中女生比例高于男生相一致。

分析男生本科毕业时与目前就业状态的数据，见图(44)，有稳定就业单位的人数比例两者基本持平，读研究生人数比例目前高于本科毕业时 5.5%，自由职业、自主创业的人数目前少于本科毕业时约 6 个百分点，待就业的人数比例则比本科毕业时低近 9 个百分点。

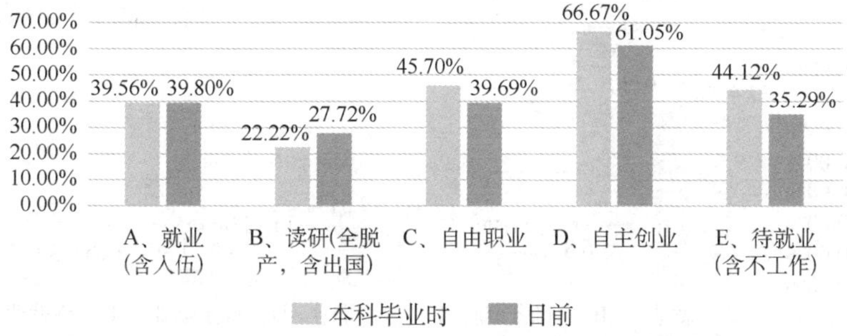

男生本科毕业时与目前就业状态的比较图(44)

分析女生本科毕业时与目前就业状态的数据，见图(45)，有稳定就业单位的人数比例两者基本持平，读研究生人数比例目前低于本科毕业时 5.5%，自由职业、自主创业、待就业的人数目前均多于本科毕业时。

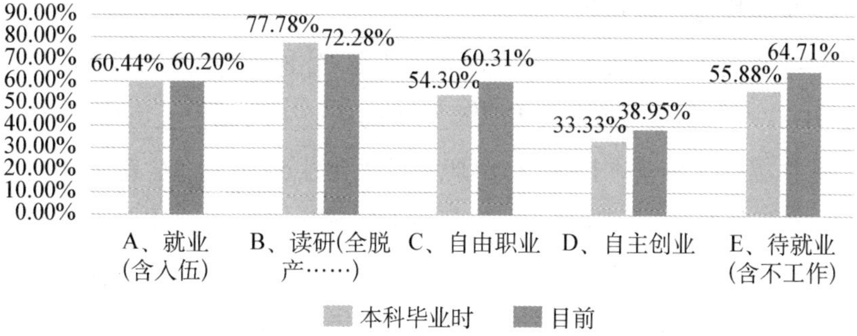

女生本科毕业时与目前就业状态的比较图(45)

比较男女生目前就业状态差异，见图(46)，目前为有稳定就业工作单位、自由职业的女生人数比例均略高于男生，而攻读研究生的人数比例基本是男生的2倍，自主创业则反之，男生的人数比例高出女生人数比例一倍还多，创业工作还是男生占主导地位；待就业的人数比例也是女生略高于男生。

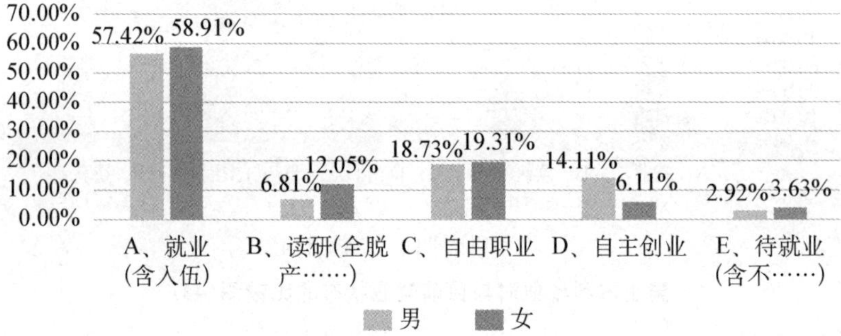

男女生目前就业状态比较图(46)

3. 上海生源、外地生源就业状况分析

本科毕业生就业状况跟踪调研中的上海生源占20.16%，外地生源占79.84%。上海生源数与外地生源数的比例构成与在校生的生源构成比例相符。

我们先来分析本科毕业时上海生源、外地生源的就业状况，见图(47)，有稳定就业单位和读研究生的毕业生人数占上海生源、外地生源的比例基本持平，自由职业的外地生源比上海生源高出近6个百分点，与之相反的是，待就业的比例上海生源高出外地生源5个百分点，自主创业的上海生源略高于外地生源。从总体情况来看，上海生源与外地生源在本科毕业时没有特别显著的区别，在自由职业和待就业两项上人数比例略有高低。由于上海生源占据地理优势，在就业心态上比外地生源放松，如果暂时找不到合适的用人单位，至少不用担心住宿的压力；近几年也有不少毕业生本着先看世界的想法，为今后的艺术创业积累素材和灵感，而选择待就业。

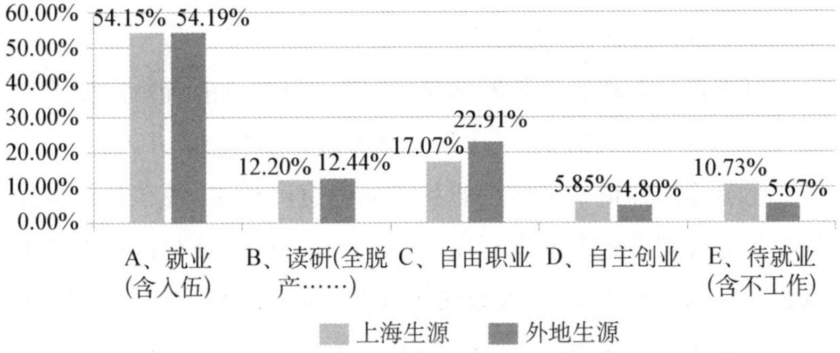

本科毕业时上海生源、外地生源的就业状态比较图(47)

分析目前的上海生源、外地生源就业状态差异情况，图(48)，上海生源中有稳定就业单位的毕业生人数比例高出近 5 个百分

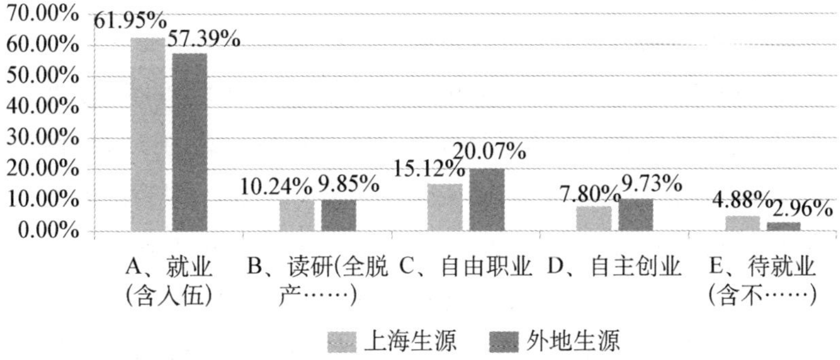

目前本科毕业时上海生源、外地生源的就业状态比较图(48)

点，而自由职业的毕业生人数比例比外地生源低了近 5 个百分点，上海生源充分发挥地域的优势。自主创业的上海生源低于外地生源近 2 个百分点，而待就业上海生源毕业生则比外地生源要高出

近2个百分点。上海生源与外地生源在就业去向、职业生涯发展的规划方面略有差别。

（三）就业现状满意度、专业相关度分析

1. 就业现状满意度分析

对于就业现状的满意度调研，我们主要按目前有稳定就业单位、自由职业、自主创业、待就业4种状态来分别调研并进行比较，前文已经详细分析了每种就业状态的满意度情况，现在我们来比较一下每种就业状态的满意度，见图(49)。首先是对目前的就业状态非常满意的毕业生，人数比例最高的是自主创业的毕业生，占自主创业毕业生人数的24.21%；其次为自由职业的毕业生，占自由职业毕业生人数的20.10%；有稳定就业单位的毕业生对目前的就业状态非常满意的为16.58%；在待就业的毕业生群体中，也有11.76%的毕业生表示对目前的待就业状态非常满意。对目前的就业状态比较满意的毕业生人群最高的依然是自主创业的毕业生，占自主创业毕业生人数比例的57.89%；其次为有稳定单位的毕业生群体，占有稳定单位的毕业生人数比例的49.58%，接近一半；自由职业毕业生群体对目前就业状态比较满意的人数比例为44.33%，也是相对比较高；在待就业毕业生群体中，对目前就业状态比较满意的人数比例也达到26.47%。对目前的就业状态一般满意的毕业生群体中，人数占比最高的还是待就业的毕业生群体，占待就业毕业生人数的35.29%，虽然待就业的一般满意度的值略高，但由于待就业的毕业生总人数低，其绝对人数相对较少。在不太理想的毕业生群体中，自主创业的毕业生没有感到不理想的人数中，人数占比最高的是待就业的毕业生群体，占待就业人数的26.47%，有稳定工作单位和自由职业的毕业生群体，其不太理想

的毕业生人数比例基本持平，占各自毕业生群体的 5%左右，相对较低。

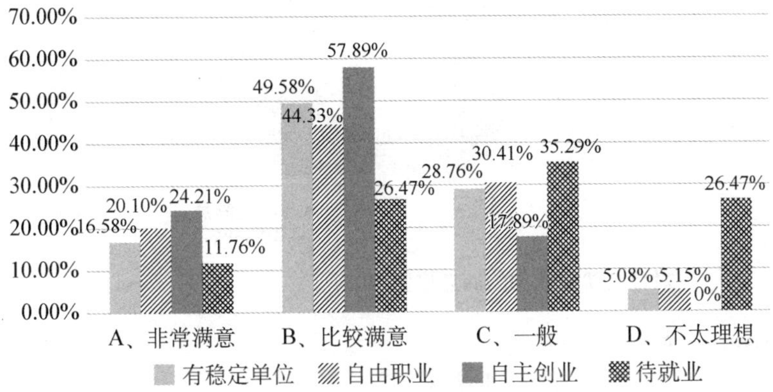

对目前就业状态满意度比较图(49)

为了更清晰的分析有稳定单位、自由职业、自主创业、待就业四种就业状态的整体满意度情况，我们将四种就业状态的满意度情况进行了整合统计，从总体毕业生对目前的就业状态满意度来看，见图(50)，对目前的就业状态非常满意的占 17.90%；对目前的就业状态比较满意的占 48.36%，接近一半的毕业生；对目前就业状态一般满意的占 28.17%，说明同学们对自己的职业期望相对较高；对目前的就业状态感到不太理想的，仅占 5.35%，占比人数较低。认为目前的就业状态非常满意、比较满意的总人数比例接近 7 成。

我们再来分析比较一下有稳定工作单位与自由职业的月平均税后收入情况，见图(51)，在月平均税后收入 1 万元以下的人群中，有稳定工作单位的人数比例明显高于自由职业的人数比例，5000 元以下的收入人群中，有稳定工作单位的人数比例为 30.96%，比自由职业的人数比例高出 8 个百分点；在 5001 元至 1 万元的收入

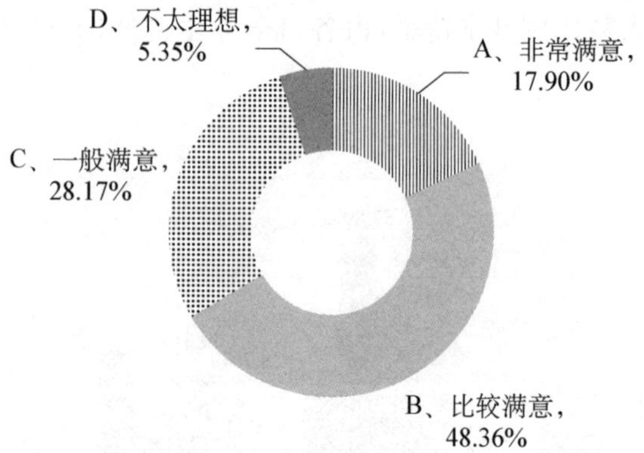

对目前就业状态的满意度图(50)

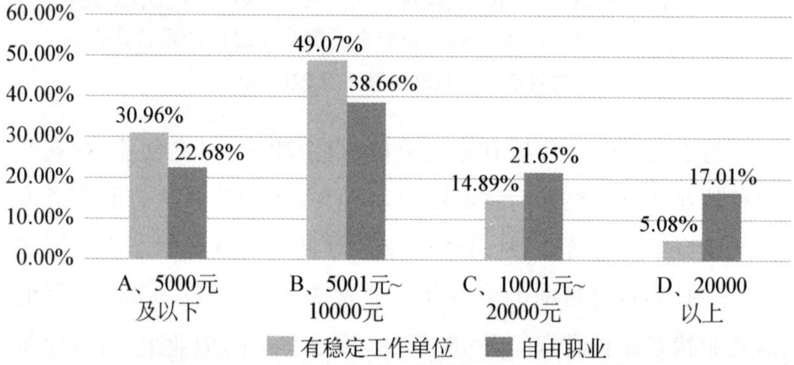

有稳定工作单位与自由职业的月平均税后收入比较图(51)

人群中，有稳定工作单位的人数比例比自由职业的人数比例高出 10 个百分点，近一半有稳定工作单位的毕业生收入为 5001 元至 1 万元之间。反之，在 1 万元以上的收入人群中，自由职业的人数比例明显高于有稳定工作单位的人数比例，其中月平均税后收入在 1 万至 2 万之间的，自由职业的人数比例为 21.65%，比有稳定工作单位的人数比例高出 6.75%；在 2 万元以上的毕业生人群中，自由职业的人数比例为 17.01%，更是高出有稳定工作单位人数比例的 11.93%，从毕业生的月平均税后收入情况也可以非常明显地体现出自由职业对艺术类毕业生的重要性和积极意义。

从毕业近 10 年的毕业生就业满意度调研情况来看，我校毕业生对目前就业的状态满意度高，不满意的人数比例仅占 5.35%，其中满意度最高的为自主创业的毕业生，虽然也有在找寻新的创业方向的同学，但没有对目前创业的状态不满意的同学；自由职业和有稳定就业工作单位这两种就业状态的毕业生对目前的就业情况满意度都比较高，相对来说，自由职业还要略高一些，非常满意的毕业生人数比例比有稳定就业工作单位的毕业生人数比例高出 5 个百分点，且从毕业生的月平均税后收入来看，1 万元以上的人数比例也高出有稳定就业单位的毕业生人数比例。待就业的毕业生群体对目前的状态满意度与其他三种就业状态相比，相对不理想，但也有感到非常满意的毕业生，不满意的毕业生仅不到三成。

2. 专业相关度分析

此次针对近 10 年的毕业生跟踪调研工作，除了调研毕业生的就业满意度之外，我们还特别针对毕业生所从事的行业、工作岗位内容与本科专业的相关度进行了调研，有稳定工作单位、自由职业、自主创业这三种就业状态的专业相关度在前文已经进行了详细的分析，这里不再赘述。

从总体来看，这三种就业状态的毕业生所从事的行业、工作岗位内容等的专业相关度非常高，由于自主创业的专业相关度没法与其他两种就业状态进行比较，我们特别比较分析有稳定工作单位、自由职业这两种毕业生人数占比最多的毕业生群体的专业相关度情况。

从回收的有效调研问卷来看，目前有稳定工作单位的占58.31%，自由职业的占19.08%。这两项就业状态的毕业生人数占77.39%。从所从事工作内容与本科专业相关度的比较来看，见图(52)，专业相关度均非常高，其中自由职业的工作内容与本科相关度为最高，占自由职业人数比例的56.70%；有稳定工作单位的毕业生从事的工作内容与本科专业相关度为非常相关的人数比例略低于自由职业，为51.44%，均超过半数。从事的工作内容与本科专业比较相关的人数比例也在四分之一左右，自由职业的人数比例仍然高于有稳定工作单位，自由职业工作内容比较相关的人数比例为27.77%，有稳定工作单位工作内容比较相关的人数比例为24.53%。工作内容与本科专业一般相关的均在20%以下，其中有稳定工作单位的人数比例高于自由职业，为17.93%。完全不相关的人数比例两种就业状态都很低，均在6%左右。

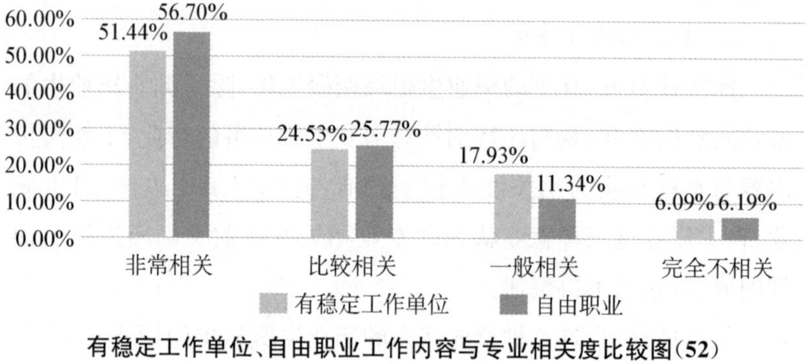

有稳定工作单位、自由职业工作内容与专业相关度比较图(52)

从分析的结果可以看出，我校毕业生所从事的工作岗位内容与本科专业的相关度极高，而有意思的是，自由职业的专业相关度总体要高于有稳定的工作单位的毕业生。再次说明自由职业对我校毕业生的重要意义。

（四）职业生涯发展及能力培养评价分析

通过向已经毕业的毕业生了解他们对职业生涯发展的建议和意见，对目前的本科在校生及对艺术类毕业生生涯发展轨迹的研究等方面都非常具有现实指导意义。

在被问本科在读期间对有关职业生涯发展建议时，见图(53)，认为要对自我有一个非常清晰的认知并进行准确定位的占了86.73%，这个认知包括对自我兴趣、性格、能力、职业倾向、择业价值观等方面的了解，这与我校目前正在进行的第二课堂学分制改革中就业创业方面的生涯教育的目标非常一致，我们必须要先了解自己，认清“我是谁?”，才能确定未来适合自己的职业发展方向和确定目标职业定位。其次，56.64%的毕业生认为了解所在行业的整体情况及发展态势非常重要，认识到我目前在行业的哪里，我今后将有可能站在行业的哪一端？这个行业今后会有怎么样的发展？只有了解到这些内容，才可以更好地帮助我们明确以后可能的职业发展轨迹及生涯发展目标，鉴于我们学校对文化艺术行业培养专业人才作出的贡献，同学们能从行业发展的角度来考虑个人职业生涯的发展，对国家的文化艺术行业的发展也具有非常深远的意义。选择人数比例排在第三位的建议是认为在本科就读期间，要学会对个人职业生涯的设计和规划，占到毕业生总人数的50.64%，超过受访问一半的毕业生。令人感到意外的是毕业生们对创业能力的重视，有43.66%的毕业生认为本科学生在校期间要加强对创业能力的培养，不过从前文创业毕业生对目前就业状态的满意度最高的情况来分析，认为本科就业期间要加强对创业能力的培养就不以为奇了。其他的相关建议如学会职业生涯决策的方法、加强职业生涯管理能力、了解用人单位对毕业生的能力要求等均超过30%，说明这些内容对本科在读学生也具有比较重要的作用。

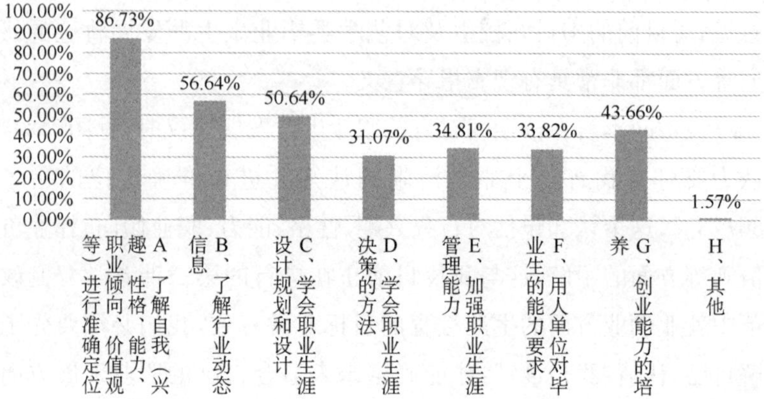

对本科就读期间，关于职业生涯发展建议了解的内容图(53)

在本科期间学校培养了哪些方面的能力？见图(54)，我们欣喜地看到，85.45%的毕业生认为学校培养了专业能力，这是毕业

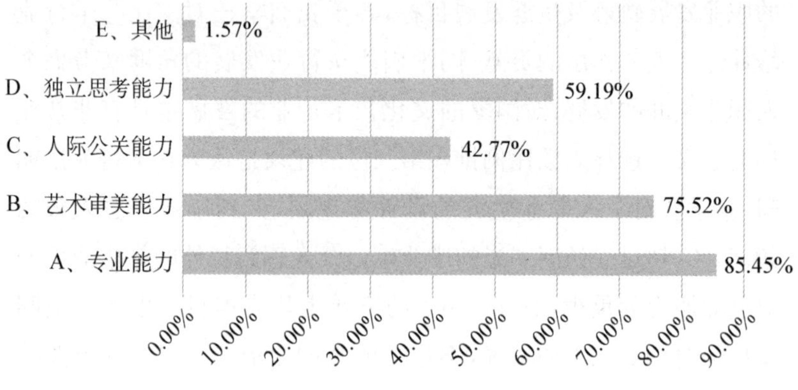

本科期间学校培养了哪些能力图(54)

生对学校本科专业教学的最大肯定。其次 75.52%的毕业生认为学校在本科期间培养了艺术审美能力，这与学校的校训“至善至美”目标一致；近 6 成的毕业生还认为学校培养了他们独立思考的能力，这项能力对毕业生也是至关重要；42.77%的毕业生认为本科期间还培养了人际公关能力，所谓的“情商”能力，这在现在的学习、生活及工作中的作用越来越重要。

建议本科在读学生如何渡过大学生涯方面，见图(55)，63.03%的毕业生们还是建议要更早地规划自己的职业生涯、并努力地实施，“凡事预则立，不预则废”；建议要在本科读书期间结识更多同学(或同行)，拓展人脉的毕业生有 62.05%，这对学校将有 4 个校区的未来发展来说，在结识更多同学、拓展人脉上有一定的影响。此外，54.97%的毕业生建议本科在读期间要抓住一切机会参加校外实习实践活动，这与学校的多数本科专业具有非常高的实践要求有关，也符合艺术类专业的特性。另外，毕业生们还建议本科在读期间要废寝忘食地学习专业(31.96%)，要积极参加社团活动、积极申报创新项目(29.30%)，要获得更多的奖项，为自己的职业生涯添彩(25.37%)。

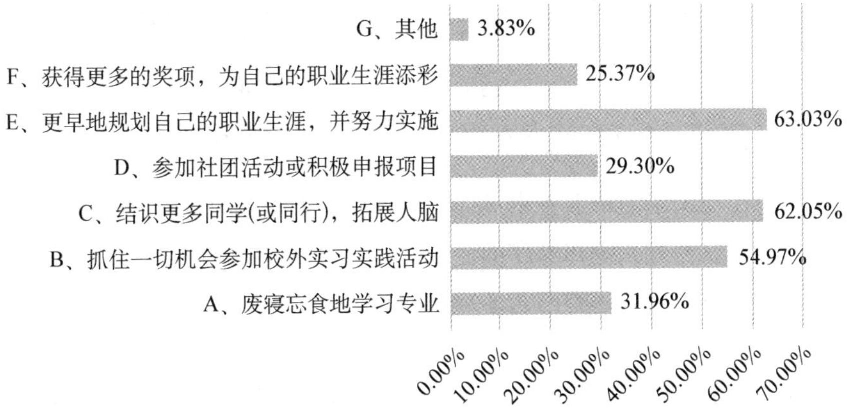

对本科生如何度过学习生涯的建议图(55)

分析比较毕业5年内与毕业5—10年毕业生对本科生在读期间的建议可以发现，从图(56)中可见，67.58%的毕业5—10年的毕业生建议本科生在读期间要更早地规划自己的职业生涯，并努力实施，比毕业5年内的毕业生高出6.39%，可见及早规划职业生涯的重要性。此外，有36.18%的毕业5—10年的毕业生建议要废寝忘食地学习专业，比毕业5年内的毕业生高出30.25%，也可见其重要性。抓住一切机会参加校外实习实践活动这一项，毕业5—10年的毕业生人数比例比毕业5年内的人数比例略高，但均在55%左右。

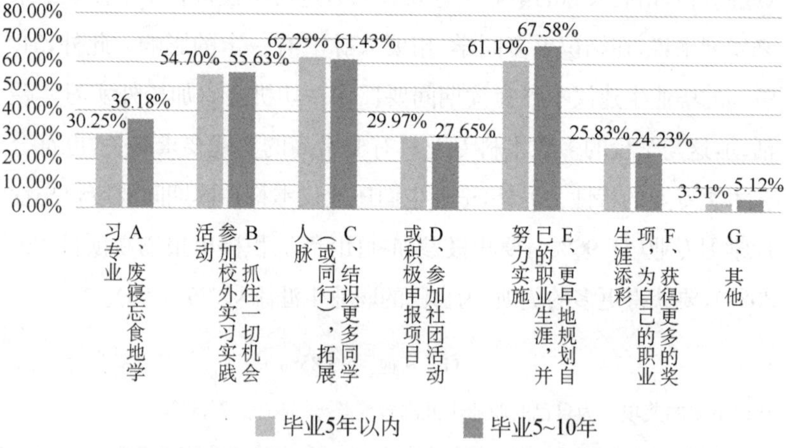

不同毕业年份的毕业生对本科生如何度过学习生涯的建议图(56)

在被调研的毕业生中，见图(57)，近一半的毕业生的理想职业目标是成为有一定知名度的专业艺术从业人员，近2.5成的毕业生希望自己成为优秀的艺术教育工作者，一成左右的毕业生希望自己成为一位企业家，一成左右的毕业生认为只要是赚钱多的职业都可以考虑。从毕业生的理想职业目标来看，成为有一定知名度的专业艺术从业人员、优秀的艺术教育工作者这两项的毕业生人数占到73.55%，这说明学校办人民满意的高等艺术教育，培养"至善至美"的专业艺术人才的培养目标基本实现。

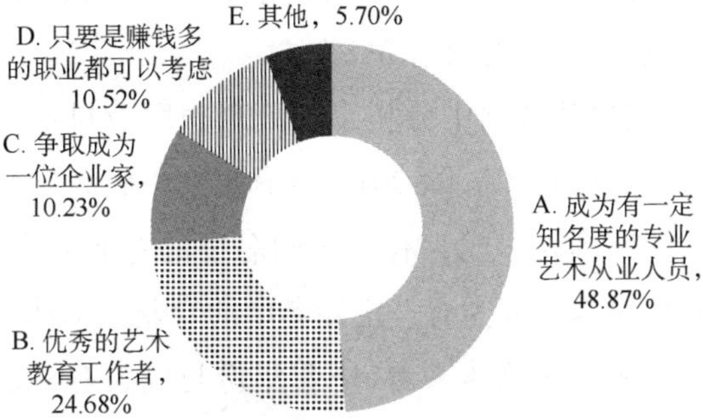

理想职业目标图(57)

具体来看一下不同性别毕业生的理想职业目标，见图(58)，希望成为有一定知名度的专业艺术从业人员中，男生的人数比例为53.28%，高于女生人数比例的7.41%；希望成为优秀的艺术教育工作者中，女生人数比例占了28.71%，比男生高出10%左右，教

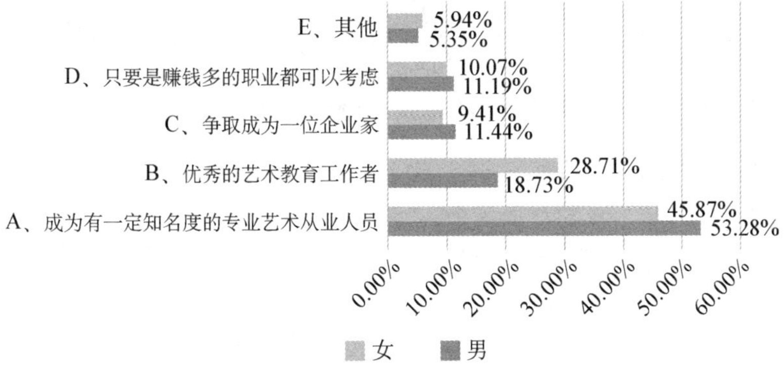

男女生理想职业目标比较图(58)

育行业还是非常受到女性的欢迎；在希望成为一位企业家的人群中，男生人数比例略多，比女生人数比例高出 2 个百分点；认为只要赚钱多的职业都可以考虑的人群中，依旧是男生略高于女生人数比例，均占男女生人数比例的 1 成左右；有成为其他理想职业目标的男女生人数比例，各自占 5%左右。

同时，我们也从数据中分析了一下理想职业目标的选择与毕业年份的关系，见图(59)，除 2010 年毕业生中成为优秀的艺术教育工作者人数比例高于成为有一定知名度的专业艺术从业人员，其余的毕业年份都是成为有一定知名度的专业艺术从业人员占据最大的人数比例。从总体来看，毕业年份与成为有一定知名度的专业艺术从业人员略有相关，其相关趋势是随着毕业年数的增加，

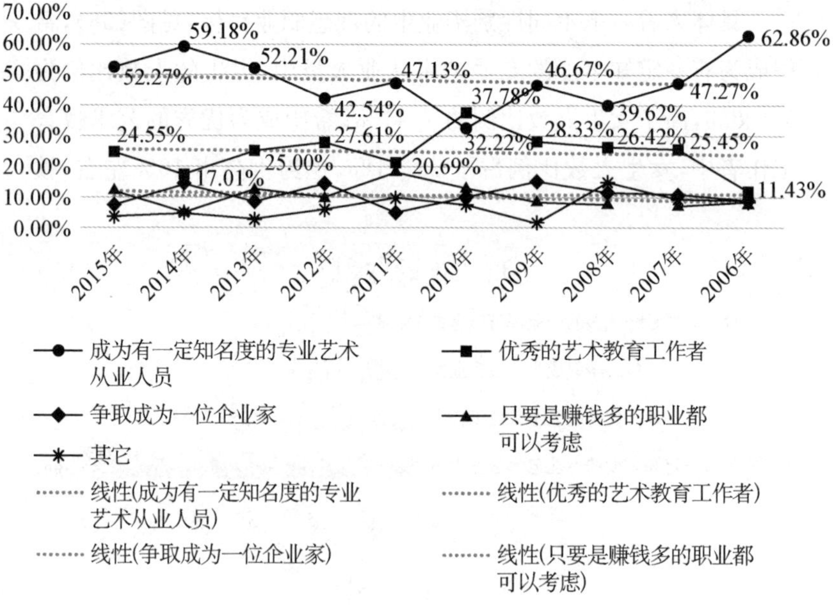

理想职业目标与毕业年份的关系图(59)

希望成为有一定知名度的专业艺术从业人员比例略有下降，成为优秀的艺术教育工作者也与成为有一定知名度的专业艺术从业人员相似，随着毕业年数的增加，希望成为一名优秀的艺术教育工作者的人数比例也略有下降。有意思的是，争取成为一位企业家则相反，希望成为一位企业家的人数比例随着毕业数的增长而略有增长。

从总体来看，毕业生在职业生涯规划方面给在校的本科学生总结了很多有现实指导意义的建议，比如在本科就读期间要对自我有一个非常清晰的认知并进行准确定位，要重视并尽早地规划自己的职业生涯，并努力实施，要积极了解文化行业发展的现状和发展趋势，在本科读书期间要结识更多同学（或同行）拓展人脉，要抓住一切机会参加校外实习实践活动等。同时，也给学校的人才培养提供了建议，如要加强对在校生职业生涯规划的教育、加强对在校生创业能力的培养等，调研取得了非常好的积极意义。

（五）对学校本科人才培养的反馈

本次毕业生跟踪调研还就本科人才培养、专业教学设置等方面进行了调研，了解学校的教学内容、课程设置等对毕业生就业工作的帮助，并从调研中了解毕业生对本科教学工作的建议和意见。

从调研来看，毕业生们认为在本科就读期间，参加校内外实践演出、参与校外艺术实践项目实习、课堂学习、与教师的交流、参加海外院校的学习交流动等等是重要的知识增长、能力养成的途径和方式。在涉及教学内容对就业工作的帮助方面，89.68%的毕业生认为专业课程对目前的工作有帮助，见图（60），68.34%的毕业生认为实习实践环节对目前的工作有帮助，其余的为讲座、工作坊、选修课程、文化课程、校外的辅修专业、自己旁听的校内课程等等。

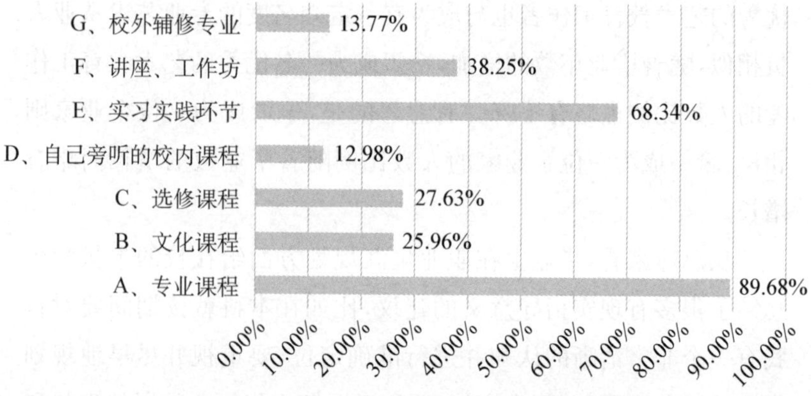

学校的哪些教学内容对目前的工作有帮助图(60)

在对学校专业师资力量的满意度调研方面,见图(61),有37.17%的毕业生认为学校的专业师资力量非常好,40.41%的毕业生对学校的专业师资力量较为满意,也有19.37%的毕业生感觉学校的专业师资力量一般。总体来说,有接近8成的毕业生认为学校的专业师资力量不错。

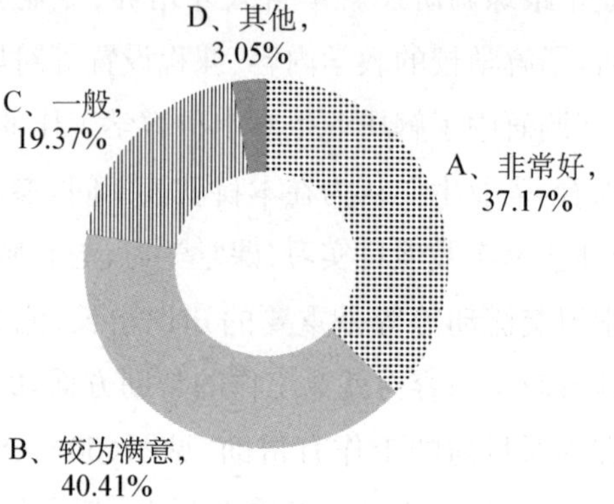

对学校专业师资力量的评价图(61)

在问及对学校本科教学课程设置的建议时，见图(62)，17.11%的毕业生认为应该增加选修课，38.45%的毕业生认为学校还需要增加专业课，而人数比例最高的是认为应该提高第二课堂学分，让学生根据兴趣自由地创作，占人数比例的42.28%，也有2.16%的毕业生认为应该减少专业课。

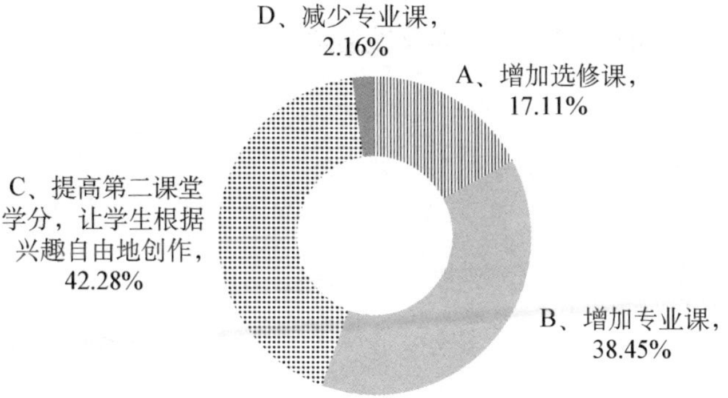

对学校本科教学课程设置的建议图(62)

在针对学校理论课程和实践课程设置是否合理，课程量的多寡方面进行的调研结果显示，见图(63)，人数比例最高的是认为实践课程偏少，占全体受访毕业生的58.31%，认为理论课程的量正好的占全体受访毕业生的45.92%。

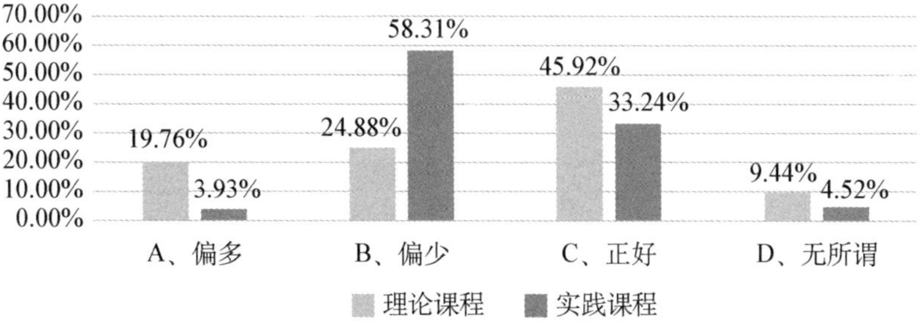

认为学校实践课程与理论课程的量是否合适图(63)

毕业生跟踪调研是一项非常有意义的工作，这次的十年毕业生跟踪调研是一次非常好的尝试，虽然启动一项十年的毕业生跟踪调研会遇到非常多的困难和挑战，但调研所反馈出来的信息对于学校的艺术人才招生、培养、就业创业工作都将有积极的指导意义。同时，我们还需要着眼于长期毕业生跟踪调研机制的建设和研究，多维度多渠道全方位了解和研究艺术人才培养规律，使之成为一项常态的艺术人才培养反馈通道。